REDAÇÃO OFICIAL

PARA APRIMORAR OS TEXTOS PROFISSIONAIS

Conselho Acadêmico
Ataliba Teixeira de Castilho
Carlos Eduardo Lins da Silva
Carlos Fico
Jaime Cordeiro
José Luiz Fiorin
Magda Soares
Tania Regina de Luca

Proibida a reprodução total ou parcial em qualquer mídia
sem a autorização escrita da editora.
Os infratores estão sujeitos às penas da lei.

A Editora não é responsável pelo conteúdo deste livro.
As Autoras conhecem os fatos narrados, pelos quais são responsáveis,
assim como se responsabilizam pelos juízos emitidos.

Consulte nosso catálogo completo e últimos lançamentos em **www.editoracontexto.com.br**.

PAULA COBUCCI
SUELY COBUCCI

REDAÇÃO OFICIAL

PARA APRIMORAR OS TEXTOS PROFISSIONAIS

Copyright © 2022 das Autoras

Todos os direitos desta edição reservados à
Editora Contexto (Editora Pinsky Ltda.)

Capa e diagramação
Gustavo S. Vilas Boas

Preparação de textos
Mariana Cardoso

Revisão
Lilian Aquino

Dados Internacionais de Catalogação na Publicação (CIP)

Cobucci, Paula
Redação oficial : para aprimorar os textos profissionais /
Paula Cobucci, Suely Cobucci. – São Paulo : Contexto, 2022.
192 p.

ISBN 978-65-5541-156-0

1. Redação oficial 2. Redação técnica 3. Língua portuguesa
I. Título II. Cobucci, Suely

22-2851   CDD 651.75

Angélica Ilacqua – Bibliotecária – CRB-8/7057

Índice para catálogo sistemático:
1. Redação oficial

2022

Editora Contexto
Diretor editorial: *Jaime Pinsky*

Rua Dr. José Elias, 520 – Alto da Lapa
05083-030 – São Paulo – SP
PABX: (11) 3832 5838
contexto@editoracontexto.com.br
www.editoracontexto.com.br

Sumário

APRESENTAÇÃO 9

COMUNICAÇÃO ESCRITA PROFISSIONAL 11
- A empatia nas comunicações 12
- Linguagem Simples: uma questão de cidadania 13
- Redação oficial e os princípios constitucionais da administração pública 15
- Competência comunicativa profissional 17
- Níveis de linguagem e adequação vocabular 20
- Linguagem nas comunicações oficiais e nos documentos técnicos 24
- Humanização e positividade nas comunicações profissionais ... 27

ATRIBUTOS DA REDAÇÃO OFICIAL 29
- Clareza 30
- Precisão 31
- Objetividade 33
- Concisão 34
- Coesão textual 38
- Coerência 41
- Convicção 43
- Relevância 45
- Impessoalidade 45
- Formalidade e padronização 46
- Correção textual 47

VÍCIOS DE LINGUAGEM QUE PREJUDICAM A EFICÁCIA DO TEXTO OFICIAL **53**
- Ambiguidade 54
- Pleonasmo ou tautologia 56
- Queísmo 59
- Estrangeirismo 60
- Jargão fora de contexto 62
- Clichê 62
- Chavões 64

AS COMUNICAÇÕES OFICIAIS **69**
- O que é redação oficial 70
- Histórico do *Manual de redação da Presidência da República* 70
- Emprego dos pronomes de tratamento 71
- Concordância com os pronomes de tratamento 73
- Signatário 74
- O padrão ofício 78
- Decreto n. 9.758, de 11 de abril de 2019: Mudanças na forma de tratamento e de endereçamento nas comunicações oficiais do Poder Executivo Federal 88
- Tendência à simplificação 91
- O SEI 91

CORREIO ELETRÔNICO (E-MAIL) **93**
- Definição e finalidade 94
- Forma e estrutura 95
- Recomendações gerais 99

DOCUMENTOS TÉCNICOS **101**
- Principais documentos técnicos 102
- Classificação dos documentos técnicos 104
- Organização macrotextual dos documentos técnicos 104
- Organização das ideias nos documentos técnicos 105
- Partes dos documentos técnicos 105
- Necessidade de pesquisa para elaborar documentos técnicos 113

PADRONIZAÇÃO DOS TEXTOS OFICIAIS **123**
- Grafia de datas 124
- Grafia de horas 124
- Formatação 125
- Uso de siglas 127
- Grafia de números 129

ASPECTOS GRAMATICAIS RELEVANTES
PARA A REDAÇÃO OFICIAL **133**
- Concordância verbal 134
- Concordância nominal 137
- Regência verbal 138
- Regência nominal 142
- Pronomes 142
- Vírgula 149
- Ponto e vírgula 150
- Dois-pontos 150
- Travessão 151
- Parênteses 152
- Palavras que costumam gerar dúvidas de grafia
  ou sentido na redação oficial 153

EXERCÍCIOS RELACIONADOS
AOS CONTEÚDOS APRESENTADOS NO LIVRO **159**

BIBLIOGRAFIA **185**

AS AUTORAS **189**

Apresentação

Este livro proporciona a conscientização dos profissionais quanto ao que mudou em relação à cultura da administração pública e quanto ao modo como tais mudanças refletiram e refletem na elaboração de textos profissionais. O grande diferencial desta obra é, portanto, o fato de levar o leitor a novas práticas relativas à comunicação oficial moderna.

Há quase 30 anos, ministramos cursos na área de redação oficial em todo o país, em cada instância (federal, estadual e municipal) dos três Poderes (Executivo, Legislativo e Judiciário), colaborando para a formação e o aperfeiçoamento de servidores de diversas instituições públicas e privadas. Essas experiências nos proporcionaram conhecer realidades diversas no âmbito da comunicação profissional.

Nossa principal referência para a elaboração deste livro é o *Manual de redação da Presidência da República*, o maior marco no Brasil em relação à redação oficial, cuja missão de atualizar, ampliar e revisar a edição vigente recebemos com grande senso de responsabilidade e entusiasmo. Além desse documento, adotamos como parâmetro outros excelentes manuais de redação oficial, bem como diretrizes e orientações de diversas instituições para a elaboração de textos profissionais.

Esta obra é recomendada tanto para servidores envolvidos com a geração, edição e customização de documentos de comunicação oficial (como ofícios, despachos interlocutórios, correios eletrônicos e textos afins) e de documentos técnicos (como relatórios, pareceres, notas técnicas, notas informativas), quanto para leitores que necessitem dessas informações para implementar ações administrativas.

Nos últimos 40 anos, a administração pública brasileira passou por grandes transformações, sobretudo como parte da transição para a democracia. Desenvolveram-se novas expectativas de modernização, no entanto o progresso efetivo das práticas profissionais somente ocorrerá de forma significativa com mudanças na comunicação entre as próprias instituições públicas, entre as instituições públicas e as privadas e entre o público e a administração delas.

É essencial que os textos informativos tenham linguagem acessível ao leitor. Uma linguagem simples e humanizada, que se apresenta, ao mesmo tempo, como uma técnica de comunicação e como uma causa social, cidadã, ao dar mais transparência e publicidade aos atos da administração brasileira.

Desejamos que os leitores deste livro possam refletir sobre as mudanças ocorridas na redação oficial, buscar melhores práticas, aprimorar suas habilidades, aperfeiçoar técnicas, adquirir novos conhecimentos, para que estejam capacitados para atuar com mais eficiência e mais eficácia na administração pública brasileira.

Comunicação escrita profissional

■ A EMPATIA NAS COMUNICAÇÕES

O diferencial deste livro é sensibilizar os servidores públicos sobre a importância da produção de textos em que os interagentes se relacionam de forma empática e respeitosa a partir de uma redação oficial mais humanizada. Os novos comportamentos entre as pessoas conectadas por meio desses textos profissionais devem se pautar em uma conduta ética.

> A conduta ética do servidor público não é apenas uma questão de se comportar de acordo com o que é permitido. O essencial dessa conduta é a orientação interna que ela dá às ações de cada um: a motivação, o esmero, o gosto com que você realiza seu trabalho para cumprir seus deveres ou para fazer mais do que a função lhe prescreve.

Há certos aspectos do serviço público que não se medem pelo simples cumprimento exterior das normas, mas pela qualidade com que as regras são observadas. O trabalho profissional deve ser uma busca incessante pela perfeição; apesar de nunca a alcançarmos, ao buscá-la, chegaremos ao melhor possível.

A carreira do serviço público não é um emprego comum, mas uma vocação profissional despertada pelo caráter nobre da atividade; servir uma comunidade e promover o bem comum são missões honradas e dignificantes.

Algumas tentativas têm sido feitas ao longo dos anos no sentido de tornar o Estado eficaz na busca de sua missão. Faz-se necessária uma mudança profunda, não só dele, mas de toda a sociedade, envolvendo tanto transformações nas organizações, como nos valores e comportamentos dos servidores e de toda a população. Atender é servir, o *servidor público* é um servidor do público.

Como na administração pública grande parte das ações e decisões é tomada por escrito, propomos o desenvolvimento de um olhar sensível para a redação oficial entre os interagentes: pensar no outro; escrever para o outro; colocar-se no lugar do outro, refletindo sobre como o outro gostaria de receber a comunicação.

A postura do servidor público deve englobar a probidade e a integridade. Aquela é a qualidade de quem é probo; significa retidão, honradez e observância dos deveres e da ética. Integridade tem conceito semelhante e é uma qualidade atribuída a uma pessoa honesta, incorruptível, cujos atos são irrepreensíveis. Esses dois atributos devem também estar ancorados na civilidade, que é uma disposição para tornar as relações sociais mais humanizadas ou menos ásperas.

■ LINGUAGEM SIMPLES: UMA QUESTÃO DE CIDADANIA

Plain Language é um movimento internacional que surgiu na década de 1940 na Inglaterra e nos Estados Unidos. *Plain* significa simples, direto, objetivo, claro, sem rodeios. *Linguagem Simples* é a tradução mais aceita em português da expressão *Plain Language*. O objetivo desse movimento é incentivar a aplicação de práticas que tornem a comunicação mais acessível e ele representa hoje, em diversos países, uma nova fronteira na luta pela ampliação dos direitos de cidadãos e consumidores.

> É uma forma de comunicação usada para transmitir informações de maneira simples, objetiva e inclusiva.

Mais de dez nações possuem iniciativas de Linguagem Simples no *setor público*. Cada país divulga o movimento e a prática em diferentes idiomas, mas todos buscam passar a mesma mensagem: a importância de se comunicar de forma objetiva, facilitando a maneira como a população acessa o Estado e os serviços públicos.

A comunicação pode ser considerada simples quando a pessoa que lê o documento ou escuta a mensagem consegue compreender o conteúdo facilmente, sem precisar reler ou ouvir o texto várias vezes ou pedir explicações para outra pessoa. Podemos considerar que um texto tem uma linguagem simples quando apresenta ideias, palavras, frases e estrutura de forma organizada, sendo possível ao leitor encontrar facilmente a informação que procura, compreendê-la e usá-la. Não se trata de uma linguagem informal, especialmente porque, no contexto deste livro, o foco é a comunicação oficial. É possível escrever de forma simples e acessível, seguindo as normas-padrão da língua portuguesa.

> O site da Plain Language Association International (Associação Internacional de Linguagem Clara – Plain) apresenta a seguinte definição em português:
>
>> Uma comunicação está em linguagem clara quando o texto, a estrutura e o *design* são tão claros que o público-alvo consegue encontrar facilmente o que procura, compreender o que encontrou e usar essa informação. Usar linguagem clara significa priorizar o leitor. Descobrir o que os leitores querem saber, de que informação precisam, e ajudá-los a alcançar suas metas. O objetivo é que o leitor consiga compreender um documento escrito em linguagem clara logo na primeira leitura. Mas linguagem clara não é só uma questão de linguagem. Também inclui *design*, diagramação e muito mais.
>>
>> (Disponível em: <http://plainlanguagenetwork.org/plain-language/o-que-e-linguagem-clara/>. Acesso em: 26 mar. 2022.)
>
> A Plain Language Association International é a principal associação internacional de Linguagem Simples do mundo e apoia práticas e instituições que disseminam tal associação.

O setor público brasileiro possui algumas iniciativas de Linguagem Simples, como a lei de direitos do usuário de serviços públicos (Lei n. 13.460, de 26 de junho de 2017). Mas, a primeira política pública para tratar exclusivamente do tema surgiu em 2019, com a criação do Programa Municipal de Linguagem Simples da Prefeitura de São Paulo, com base no Decreto n. 59.067, de 2019, e da Lei n. 17.316, de 2020. O debate sobre o tema, que compreende uma técnica de comunicação e uma causa ou movimento social, vem se fortalecendo.

Antes de escrever em Linguagem Simples, é importante compreender os valores por trás dessa proposta de cidadania, que se relaciona com transparência, clareza e, principalmente, empatia, centrando-se no humano, na pessoa.

■ REDAÇÃO OFICIAL E OS PRINCÍPIOS CONSTITUCIONAIS DA ADMINISTRAÇÃO PÚBLICA

De acordo com o *Manual de redação da Presidência da República*, um dos mais respeitados do Brasil, "redação oficial é a maneira pela qual o Poder Público redige atos normativos e comunicações" (Brasil, 2018: 16).

A Constituição Federal de 1988 dispõe, no artigo 37, que "a administração pública direta, indireta ou fundacional, de qualquer dos Poderes da União, dos Estados, do Distrito Federal e dos Municípios obedecerá aos princípios de legalidade, impessoalidade, moralidade, publicidade e eficiência [...]". Tais princípios se aplicam integralmente à redação oficial. Princípios, no sentido jurídico, significam os requisitos primordiais instituídos como base, como alicerce de algo.

> Os princípios da administração pública formam um acrônimo conhecido como LIMPE:
> - Legalidade
> - Impessoalidade
> - Moralidade
> - Publicidade
> - Eficiência

Pelo princípio da legalidade, o servidor público só pode fazer o que estiver expresso em lei, em normas oficiais. Portanto, é imprescindível que as instituições adotem manuais de redação para que os profissionais possam cumprir tal princípio e aplicar regras e modelos previstos em atos normativos.

Quanto à impessoalidade, nos documentos oficiais, a comunicação é feita sempre em nome do serviço ou de uma instituição pública ou departamento oficial, para um cidadão, outro órgão público ou empresa privada, de forma impessoal. Ao longo deste livro, veremos algumas estratégias para tornar a linguagem de acordo com a adotada no texto impessoal.

Moralidade é um princípio que deve perpassar todos os atos públicos, inclusive a elaboração dos documentos oficiais. Hely Lopes Meirelles declara que "o agente administrativo, como ser humano dotado de capacidade de atuar, deve, necessariamente, distinguir o Bem do Mal, o Honesto do Desonesto. E ao atuar, não poderá desprezar o elemento ético da sua conduta. Assim, não terá que decidir somente entre o legal e o ilegal, o justo do injusto, o conveniente e o inconveniente, o oportuno e o inoportuno, mas também entre o honesto e o desonesto" (Meirelles, 2012: 90).

Muita gente entende o princípio da publicidade como a divulgação dos atos administrativos no *Diário Oficial da União* (ou do *Estado*). Essa é uma compreensão muito limitada de um *princípio constitucional*.

O *Manual de redação da Presidência da República*, em suas considerações iniciais, diz: "Não se concebe que um documento oficial ou um ato normativo de qualquer natureza seja redigido de forma obscura, que dificulte ou impossibilite sua compreensão. A transparência do sentido dos atos normativos, bem como sua inteligibilidade são requisitos do próprio Estado de Direito: é inaceitável que um texto oficial não seja entendido pelos cidadãos" (Brasil, 2018: 17). Publicidade é o ato de dar clareza às informações, tornando os documentos simples e acessíveis ao leitor.

O princípio da eficiência é o mais atual, que passou a integrar a legislação brasileira com a edição da Emenda Constitucional n. 19, que atribuiu à administração pública e seus agentes a busca do bem comum, por meio do exercício de suas competências de forma imparcial, neutra, transparente, participativa, eficaz, sem burocracia e primando pela rentabilidade social. Para que a comunicação ocorra com eficiência, os documentos devem estar claros para o receptor e adequados ao contexto em que ele se insere. Veremos, a seguir, como alcançar tais objetivos.

■ COMPETÊNCIA COMUNICATIVA PROFISSIONAL

> Como, ao nos comunicarmos com outra pessoa, temos sempre algum objetivo, é preciso que nos fixemos em certos elementos básicos:
> - relação entre os interagentes (emissor, receptor, outros envolvidos na comunicação);
> - gênero textual utilizado (ofício, e-mail, comunicação pessoal);
> - assunto (profissional, técnico, pessoal);
> - intenção (comunicar, convidar, convocar, sugerir, propor, recomendar);
> - linguagem (profissional, técnica, coloquial, formal);
> - contexto (ambiente de trabalho, situação política no país, situação institucional no órgão, relação entre os interagentes).

Ninguém escreve bem sobre um tema que não domina. O texto mal escrito pode tornar a comunicação falha, vaga, imprecisa, incorreta e insegura. Para o documento ser considerado eficiente, o redator deve ter conhecimento do assunto sobre o qual redige e do gênero textual com suas especificidades estruturais (qual é o vocativo adequado; o fecho; qual é a maneira própria de iniciar e terminar o texto, por exemplo). Além disso, é imprescindível que o profissional tenha habilidades práticas, ou seja, o saber redigir propriamente dito (usar o vocabulário adequado; escolher as palavras mais apropriadas ao contexto; selecionar a maneira mais estratégica para convencer o leitor ou tornar o texto mais interessante e a informação a ser transmitida mais relevante para os interagentes).

Tendo em vista o princípio constitucional da administração pública da eficiência, é necessária a atitude de querer algo bem-feito. O servidor deve ter consciência da importância de um documento para a instituição, o governo, o país ou para a vida dos cidadãos, e deve investir na elaboração de documentos com cuidado, verificando sempre se a informação está clara, acessível, objetiva, de acordo com a finalidade para a qual o texto se destina. Isso exigirá, certamente, cuidado e uma boa revisão que identifique se as qualidades demandadas do texto oficial estão presentes.

Ainda sobre a competência comunicativa, considerando-se o conjunto dos três elementos – conhecimentos, habilidades e atitudes –, o redator terá que ponderar os dados fundamentais em um processo de comunicação: o assunto a ser tratado no texto; determinar os interagentes, quem escreve para qual ou para quais leitores específicos ou possíveis; o objetivo e a finalidade daquele documento; o contexto extra e intralinguístico; o gênero textual a ser adotado; a linguagem adequada.

O assunto é um dos fatores que definirá os demais elementos do texto: um comunicado emitido pela autoridade máxima do órgão para determinar o cumprimento de nova legislação tem uma linguagem diferente da que consta de um convite para participação de uma confraternização de fim de ano, por exemplo.

O redator estratégico deve compreender a diferença entre o objetivo do documento e a finalidade dele. O primeiro deve estar expresso no texto: *Informo que, a partir de 2022, o uso do crachá será obrigatório em todas as dependências deste Ministério.* O objetivo, portanto, é informar. Já a finalidade é o que se espera obter a partir daquela comunicação. Nesse exemplo, supõe-se que os servidores usem o crachá. Para convencer os interagentes disso, pode ser interessante explicitar as consequências da falta dele, por exemplo, ou as justificativas positivas sobre a importância do referido objeto de identificação dos servidores daquela instituição, como garantir a segurança dos próprios profissionais, por exemplo, por identificar que certa pessoa realmente trabalha no local, que ela de fato tem acesso àquele ambiente, entre outras.

Como contexto extralinguístico, pode-se pensar na situação social, política, econômica, cultural etc. do país, da cidade, da instituição, do departamento, que deve impactar na informação a ser transmitida por meio daquele documento. Ao elaborar determinada nota técnica, o profissional deve observar qual será o impacto daquela recomendação que ele está emitindo; por exemplo, um técnico do Ministério de Minas e Energia, ao analisar o interesse de introduzir o horário de verão na Bahia, terá que considerar, em sua análise, não somente os aspectos técnicos relacionados à economia de energia, mas também qual será o impacto para as pessoas que moram na cidade, para os outros estados e países que se relacionam com a Bahia, para o comércio, para o turismo, para a qualidade de vida da população etc.

A partir dos critérios mais relevantes nessa análise, por exemplo, o redator enfatizará tais informações e tentará amenizar outras para minimizar possíveis argumentos contrários ao que ele propõe. Portanto, há que se considerar que muitos elementos influenciam a elaboração dos documentos oficiais.

É sabido que, no decorrer da vida profissional e pessoal, os documentos são elaborados para pessoas com os mais variados níveis de domínio sobre o assunto, de conhecimento sobre os procedimentos, de área de formação etc. Portanto, o redator deve avaliar, com um mínimo de bom senso, a chamada adequação vocabular, ou seja, se a escolha linguística e as informações prestadas estão adequadas para se dirigir a cada interlocutor de maneira que a mensagem fique clara, sob pena de o processo de comunicação não se concretizar.

As modernas teorias sociolinguísticas (especialmente Dell Hymes, 1972) evidenciam fatores decisivos nas comunicações orais e escritas: o ambiente, o tópico da comunicação e o interlocutor. No caso da redação oficial, o ambiente será sempre formal. O *Manual de redação da Presidência da República* evidencia que "a necessidade de empregar determinado nível de linguagem nos atos e expedientes oficiais decorre, de um lado, do próprio caráter público desses atos e comunicações; de outro, de sua finalidade" (Brasil, 2018: 17), que é informar, comunicar, solicitar, propor, pedir, determinar, advertir etc. sempre em nome do serviço público. A impessoalidade e a formalidade próprias desse tipo de comunicação determinam, portanto, uma situação efetiva; não se deve confundir simplicidade com pobreza de expressão.

Mesmo em um e-mail – sobre o qual trataremos com mais detalhes adiante –, que é uma forma de comunicação mais informal que um ofício, por exemplo, certas formalidades se impõem, como o uso das formas de tratamento, do vocativo e do fecho adequados. Além disso, embora mais informal que tais expedientes, o e-mail profissional é mais formal que o pessoal, dirigido para um amigo ou para um familiar.

O tom do texto diz respeito ao tema tratado na comunicação. Nos ofícios e em documentos técnicos em geral, o assunto é também bastante formal. Já nos e-mails, tem-se adotado uma linguagem mais informal, ajustando-se ao tópico da comunicação, o que é compreensível. No entanto, alguns emissores adotam uma linguagem excessivamente informal, banalizando o uso do e-mail e esquecendo-se de que se trata de uma comunicação oficial realizada em nome da instituição ou do departamento. Situação em que tratamentos mais íntimos não são adequados.

■ NÍVEIS DE LINGUAGEM E ADEQUAÇÃO VOCABULAR

Outro aspecto fundamental a se considerar é a relação hierárquica entre o emissor e o receptor da mensagem. Os níveis de comunicação são três:

1. Acima/ascendente: a comunicação é destinada a superiores hierárquicos da mesma ou de outras instituições. O emissor pode estar diretamente subordinado ou não ao receptor. Mas, independentemente dessa relação de subordinação, reconhece-se que o documento é destinado a um superior hierárquico.

Neste nível, o tratamento é por *tentativa*. O emissor envia o documento na expectativa de que o receptor concorde com ele e/ou aceite a sua proposta. Como o emissor não tem certeza de que suas ideias serão aceitas, o tratamento deve demonstrar respeito e consideração, para ganhar a possibilidade de aceitação.

No entanto, no moderno texto administrativo, não há necessidade de circunlóquios ou *puxa-saquismos*. Pode-se demonstrar respeito sem a utilização de frases feitas, como *Muito agradeceria os bons préstimos de Vossa Senhoria no sentido de...* Antigamente, tal frase era utilizada quando o documento tinha o propósito de solicitar algo. Hoje, busca-se uma administração pública gerencial, em que o servidor público é um servidor do público. Assim, o interlocutor, ao concordar com tal pedido, não realiza *bons préstimos*, mas, sim, cumpre o dever dele com o Estado.

2. Ao lado/horizontal: o documento é destinado a colegas do mesmo órgão ou a profissionais de outra instituição, na mesma posição hierárquica que a do emissor da mensagem.

Neste nível, o tratamento indicado é o direto, o positivo, que trata as ideias de frente, sem mesuras ou vacilações. É um *olho no olho* por escrito, formal, amistoso e educado, porém franco, em que se diz o que deve ser dito.

Na escolha das palavras, é preciso ter cuidado para não desviar do tratamento positivo para o impositivo. Como o emissor tem em mente que está se comunicando com um colega no mesmo nível hierárquico, a tendência é sentir-se mais livre, menos preso às questões de respeito ou subordinação, e isso pode gerar choque de hierarquia na instituição em uma situação em que o receptor se sente desrespeitado pela maneira como o emissor se comunicou com ele, passando a impressão de que aquele dava uma ordem, quando essa não era a intenção, já que o emissor não teria autoridade para isso.

3. Abaixo/descendente: a relação se dá com profissionais que trabalham sob a gerência ou a chefia do emissor na mensagem.

A posição do emissor da mensagem aqui é de autoridade, pois se trata de um superior hierárquico se comunicando com os subordinados. Por isso, a abordagem deve ser decisiva, afirmativa ou impositiva (em certas ocasiões e sob certas circunstâncias).

Esse é o tratamento adequado para formular decisões ou dar ordens. Imagine um ministro de Estado enviando este comunicado a todos os servidores do Ministério: *Gostaria de convidar todos os servidores para um esforço conjunto a fim de atualizar as tarefas pendentes no sábado, 30 de abril, às 8 horas.*

Certamente, essa não seria a linguagem apropriada para a situação. O ministro de Estado é a maior hierarquia da instituição, tendo poder, portanto, para utilizar uma linguagem mais firme. O termo *gostaria* normalmente é utilizado quando se trata de uma tentativa de que o receptor aceite a proposta. Além disso, o verbo *convidar* é adequado para a situação de convite e, quando se trata disso, vai quem quer. Na situação proposta, o mais adequado seria: *Convoco todos os servidores para...*; *Determino que todos os servidores...*

Uma vez que o ministro de Estado tem autoridade para utilizar essa linguagem, as palavras de simpatia e de educação podem estar presentes no texto, mas não devem enfraquecer as ideias e, consequentemente, o poder hierárquico do emissor.

Assim, relacionando-se a intenção do emissor ao nível de adequação da linguagem ao receptor, propomos o Quadro 1 exemplificativo:

Quadro 1 – Exemplos de verbos utilizados nas comunicações oficiais

Intenção	Nível
Solicitar Pedir Propor Sugerir Informar Afirmar tentativamente	Acima
Comunicar Informar Solicitar Dar um parecer Afirmar positivamente Recomendar Sugerir	Ao lado
Autorizar Advertir Decidir Afirmar decisivamente Proibir Solicitar Impor (normas, procedimentos)	Abaixo

Fonte: Elaborado pelas autoras.

O verbo *solicitar* é bem neutro e pode ser empregado para qualquer nível hierárquico; *sugerir* normalmente é utilizado para um nível hierárquico acima ou ao lado do emissor, na tentativa de que o receptor aceite, concorde. Já os verbos adotados para um nível hierárquico abaixo do emissor demonstram a intenção de *determinar* uma ação, como *autorizar, advertir* e *proibir*, por exemplo.

O Quadro 1 é apenas exemplificativo, pois, como mencionamos, diversos aspectos influenciam na comunicação, além da intenção e da relação entre os interagentes.

■ LINGUAGEM NAS COMUNICAÇÕES OFICIAIS E NOS DOCUMENTOS TÉCNICOS

Um aspecto que gera muitas dúvidas é a linguagem dos documentos oficiais. Em um ofício, deve-se utilizar a primeira pessoa do singular: *informo, comunico, solicito*? Ou a primeira pessoa do plural: *informamos, comunicamos, solicitamos*? Nos correios eletrônicos, a comunicação será sempre na primeira pessoa do singular? E nos documentos técnicos, o que é mais recomendado, a primeira pessoa do plural: *constatamos, verificamos, observamos*? Deve-se usar a voz passiva: *constata-se/foi constatado, verifica-se/foi verificado, observam-se/foram observados*? Utilizar um sujeito inanimado: *o ministério decidiu, a diretoria propôs, o governo informou*? Ou um sujeito indeterminado: *trata-se de, necessita-se de, precisa-se de*?

> A linguagem pode variar de acordo com o tipo de documento (ofício, nota técnica, relatório, parecer), com o emissor da mensagem (individual ou grupo) ou, ainda, com o assunto, a intenção do emissor e/ou com a relação do emissor com o receptor.

■ Documentos de comunicação oficial – ofício

Observando-se o *Manual de redação da Presidência da República*, verifica-se que os modelos de ofício adotam a primeira pessoa do singular: *informo, comunico, solicito*. A ideia é que esses documentos são assinados por um único emissor. Além disso, os redatores que optam pela primeira pessoa justificam que essa escolha explicita comprometimento do líder que irá assinar o documento, já que o sujeito pode ser identificado pela desinência do verbo: *(eu) comunico*.

Entretanto, a tendência atual é que esses documentos sejam emitidos em nome da equipe, do departamento ou da instituição como um todo. Assim, adota-se o chamado plural da modéstia ou plural majestático. Neste, a pessoa que escreve usa a primeira pessoa do plural mesmo sendo ela a única autora da ação. Utiliza-se, então, a primeira pessoa do plural: *informamos, comunicamos, solicitamos*, pois, embora apenas um responsável assine o documento, ele o faz em nome do grupo, do departamento e da instituição.

Essas são as regras gerais. Vejamos algumas situações específicas:

Imagine um e-mail elaborado por um servidor com o objetivo de solicitar férias. Seria coerente ele utilizar a linguagem assim: *Solicitamos férias de 1 a 30 de janeiro*? Quem solicita férias, o servidor e a família dele? É claro que não. Nessa situação, trata-se de um único emissor para a mensagem. Portanto, é incoerente utilizar o plural.

Vamos analisar mais uma situação: No caso de o ministro de Estado convocar os servidores para determinada tarefa, seria coerente utilizar: *Convocamos todos os servidores*, em um documento assinado pela hierarquia máxima da instituição? É claro que não. Nesse documento, a intenção é evidenciar a autoridade. Assim, intencionalmente, utiliza-se a primeira pessoa do singular: *Convoco todos os servidores*.

■ Documentos técnicos – subsidiam tomadas de decisões

Os documentos técnicos, como os pareceres, os relatórios, as notas técnicas, por exemplo, não são elaborados com o propósito de estabelecer comunicação direta de um emissor com um receptor, mas de subsidiar tomadas de decisões. As notas técnicas têm a função de apresentar um levantamento de informações para fortalecer uma tomada de decisão por um superior hierárquico. Os relatórios, em sua maioria, têm como objetivo relatar fatos, eventos, atividades executadas, com a maior objetividade e impessoalidade possíveis.

Para que esses documentos transmitam informações técnicas com segurança e convicção para o receptor, deve-se utilizar uma linguagem impessoal. Se fossem empregadas expressões como *considero que, creio que, acredito que,* o receptor poderia ficar inseguro quanto à tomada de decisão, pois aquela informação seria mera crença do emissor da mensagem a respeito da situação, e não uma convicção embasada em justificativas e argumentos técnicos.

Pode-se obter a impessoalidade utilizando-se as seguintes estratégias:

1. Adotar um agente inanimado.

   O Ministério decidiu que a partir de agora uma amostra de sangue positivo para HIV vai passar por apenas duas etapas de exame.

   A diretoria determinou a adoção de medidas restritivas.

   O governo informou alteração no valor do salário-mínimo.

Sabe-se que não foi o Ministério, um sujeito inanimado, que tomou a decisão. Mas algum agente humano, como o ministro, o secretário-executivo, o diretor, por exemplo. A língua portuguesa permite que agentes inanimados assumam o papel de um sujeito animado. Essa linguagem imprime impessoalidade ao texto ao retirar a ação de uma pessoa e passá-la a um ente inanimado, como um órgão, um departamento ou um ente político. Consequentemente, essa informação ganha mais peso: é mais relevante dizer que *O Ministério aprovou determinada ação* do que evidenciar *O coordenador de Recursos Humanos,* pois é um sujeito que tem menos autoridade que o Ministério como um todo.

2. Utilizar a voz passiva analítica ou a voz passiva sintética.

Quando se utiliza a voz passiva, não se diz diretamente quem realizou a ação. Na frase: *Problemas administrativos foram constatados na análise documental* não se explicita quem constatou os problemas administrativos. O texto seria menos impessoal se o redator optasse por adotar a primeira pessoa do singular: *Constatei problemas administrativos* em que o sujeito está explicitado pelo verbo.

Nessa frase: *Verifica-se irregularidade na análise do contrato* não está determinado quem verificou a irregularidade e isso dará mais impessoalidade ao texto, pois não evidencia que foi o servidor Fulano de Tal que verificou tal fato.

3. Adotar um sujeito indeterminado.

Trata-se de questões fundamentais para o departamento.

Necessita-se de mais elementos comprobatórios.

Precisa-se de novos servidores na diretoria de Administração.

Nessas frases, o fato de o sujeito estar indeterminado é outra estratégia para construir a impessoalidade de um documento oficial.

A linguagem pode variar de acordo com o tipo de documento (ofício, nota técnica, relatório, parecer), os interagentes da mensagem (emissor e receptor, individual ou grupo), o assunto, a intenção do emissor e/ou com a relação do emissor com o receptor.

■ HUMANIZAÇÃO E POSITIVIDADE NAS COMUNICAÇÕES PROFISSIONAIS

Os documentos técnicos têm como características principais a objetividade e convicção, em razão da necessidade de subsidiar um superior hierárquico a tomar determinada decisão. Já nos documentos de comunicação oficial, há transmissão direta entre os interlocutores e, nesse relacionamento realizado a partir de um texto escrito, uma qualidade importante a ser observada é a *positividade*, cujo conceito se refere à humanização nas relações. É um conceito amplo, que pode transformar os ambientes e as relações. A humanização vem sendo cada vez mais discutida na gestão pública brasileira.

> Uma das medidas governamentais mais importantes para o atendimento humanizado no Brasil é o Plano Nacional de Humanização (PNH), focado na área de saúde, em 2003, que previa a melhoria da comunicação entre servidores, gestores e demais cidadãos. Um dos aspectos fundamentais do PNH é a ideia de corresponsabilidade, que significa que todas as pessoas envolvidas em uma situação são responsáveis em algum grau pelo que ocorre na ocasião. É possível ver, desse modo, que ser corresponsável significa ter espaço para melhorar processos. É, inclusive, a inovação dos serviços públicos atuais que permitirá o aumento da humanização.

Falar em humanização pode soar muitas vezes como algo abstrato ou muito subjetivo. Por esse motivo, é importante saber que é possível trazer a humanização para a prática e para o cotidiano nas relações profissionais. A linguagem escrita positiva pode impactar os relacionamentos profissionais, ajudando a melhorar a conexão entre as pessoas, as relações com os outros.

O uso de uma linguagem negativa contribui para que, inconscientemente, o foco seja o problema em vez da solução ou da orientação para resolver as situações. Por outro lado, a positividade, além de criar simpatia e boa vontade no leitor do texto, demonstrará que você o compreende.

A frase a seguir enfatiza a negatividade e joga a responsabilidade para *as normas*, imediatamente podendo levar o leitor a pensar na necessidade de mudar as normas institucionais. Além disso, o verbo *autorizar* coloca o emissor da mensagem em posição de submissão, incapacidade do servidor e passividade diante do problema. A tendência é gerar, no interagente, má vontade e resistência em receber a informação:

Nossas normas não autorizam remessas pelo correio. Seu novo talão deverá ser retirado no balcão de sua agência.

Observe que, na frase seguinte, a ideia ressaltada logo no início da frase é a justificativa positiva para tal orientação. Além de justificar a ação, destaca elementos positivos para tal demanda:

Para proteção e segurança, retire seu novo talão no balcão da sua agência.

Não se trata de omitir a verdade, enganar, enrolar, mentir, mas de abordar a mesma situação de forma mais positiva.

Atributos da redação oficial

A redação oficial é o modo como a administração pública se comunica tanto com o público quanto com as instituições governamentais ou privadas, os órgãos e as entidades de qualquer um dos Poderes. Refere-se, portanto, à forma adotada pelo poder público para redigir atos normativos e comunicações oficiais. A linguagem empregada na elaboração desses atos e expedientes oficiais pauta-se pela norma-padrão da língua portuguesa.

Para atingir seus objetivos, o texto oficial deve apresentar qualidades básicas de formulação e estruturação, tais como: clareza, precisão, concisão, objetividade, uniformidade, coesão e coerência. Além do uso da norma-padrão da língua portuguesa, os expedientes oficiais precisam seguir os princípios inerentes à administração pública, entre os quais a legalidade, a formalidade e a impessoalidade.

Quando se produz um texto, a inteligibilidade é qualidade essencial a ser buscada, especialmente em relação à correspondência oficial e aos textos normativos; o bom entendimento do conteúdo é primordial para que não ocorram erros de execução das providências solicitadas ou determinadas. Para tanto, é imprescindível que os textos sejam dotados das características explicitadas a seguir.

■ CLAREZA

A clareza é a característica norteadora das demais. Em outras palavras, o objetivo principal de quem redige é tornar seu texto o mais claro possível, transferindo, com precisão, uma ideia para o papel ou para os meios virtuais. A compreensão do documento deve ser imediata. Dessa forma, evita que o receptor interprete, de maneira errônea, a informação.

Obtém-se a clareza ao:

- ordenar as ideias e as palavras;
- evitar os períodos longos e as intercalações excessivas;
- escolher adequadamente o vocabulário;

- fugir da gíria e do coloquialismo;
- utilizar os termos técnicos somente quando forem indispensáveis;
- evitar ambiguidades e cacofonia;
- pontuar adequadamente o texto;
- evitar acúmulo ou excesso de fatos, opiniões ou aspectos;
- ter cuidado especial com o uso do adjetivo e do advérbio;
- preferir períodos curtos, coordenados; fugir dos períodos subordinados longos e vagos;
- desenvolver o texto em torno de ideias principais; evitar acúmulo de ideias secundárias que enfraqueçam as primeiras e dispersam o leitor.

> Recomenda-se utilizar linguagem técnica e estrangeirismos somente quando indispensáveis, tomando o devido cuidado de explicitá-los se o texto for dirigido a leigos no assunto tratado.

■ PRECISÃO

Todo texto claro apresenta vocabulário preciso e adequado ao contexto. A precisão, portanto, refere-se à escolha de termos que exprimam de forma específica a ideia a ser transmitida. Falhas nesse quesito decorrem da impropriedade vocabular, ou seja, da inadequação do termo escolhido ao gênero, ao destinatário ou à temática do texto. Também concorrem para a imprecisão o uso de vocábulos genéricos e a confusão entre homônimos e parônimos.

Obtém-se a precisão:

- procurando encontrar a palavra certa, consultando, frequentemente, o léxico da língua;
- tendo cuidado com os *sinônimos perfeitos*;
- evitando palavras desgastadas pelo uso e fórmulas feitas;

- evitando pronomes possessivos (fonte de ambiguidade): seu, sua etc.
- certificando-se de escolher o termo que expressa exatamente a ideia a ser transmitida. Para isso, deve-se evitar o uso excessivo de verbos de sentido genérico empregados no lugar de outros mais específicos, como *pôr, ter* e *fazer*.
- revendo criteriosamente o texto e, se necessário, reescrevendo-o.

Mesmo(a) como se fosse pronome substantivo

Há uma mania de usar *o(s) mesmo(s)* e *a(s) mesma(s)* como se fossem pronomes substantivos para substituir algum termo citado anteriormente, conforme os seguintes exemplos:

1. *Os diretores se reuniram hoje pela manhã e os mesmos decidiram rejeitar a nossa proposta.*
2. *Eram duas metralhadoras e as mesmas foram deixadas no porta-malas.*
3. *O réu foi até a vítima e falou com a mesma.*
4. *Leu o relatório e tirou várias conclusões do mesmo.*
5. *O advogado procurou o morador e ofereceu ao mesmo seus serviços.*

Esse uso pode prejudicar a precisão do texto. Para evitar esse modismo, há boas soluções:

a) Simplesmente eliminá-lo: *Os diretores se reuniram hoje pela manhã e decidiram rejeitar a nossa proposta.*
b) Substituí-lo por uma palavra ou expressão equivalente: *Eram duas metralhadoras. As armas foram deixadas no porta-malas.*
c) Substituí-lo por pronome pessoal, possessivo ou demonstrativo:
   O réu foi até a vítima e falou com ela.
   Leu o relatório e tirou dele várias conclusões.
   O advogado procurou o morador e ofereceu-lhe seus serviços.

> É importante lembrar que existem situações em que o uso de *mesmo* é correto:
>
> 1ª) Como reforço após substantivos ou pronomes pessoais. Nesse caso, é possível substituí-lo por *próprio*:
> Eu mesmo (próprio) fiz o trabalho.
> Ela mesma (própria) escolheu a data do casamento.
> Elas feriram a si mesmas (próprias).
>
> 2ª) Como advérbio, equivalente a *de fato, realmente*:
> Eles não virão mesmo (realmente) à reunião.
> Ele falou mesmo (de fato) sobre o assunto.
>
> 3ª) Substantivado no singular, precedido do artigo definido, equivalente a *mesma coisa, o mesmo fato*:
> Acatar não é o mesmo que acolher.
> Ele chegou atrasado devido ao trânsito. O mesmo aconteceu comigo.
>
> Em resumo: o *mesmo* que devemos evitar é aquele que substitui, fazendo o papel de pronome substantivo.
> Em quase todos os edifícios do país, encontramos uma plaquinha na porta dos elevadores: *Antes de entrar no elevador, verifique se o mesmo encontra-se parado no andar.*
> Isso significa que se for *outro*, se não for *o mesmo*, não devo entrar? É claro que não é essa a interpretação devida. Isso só comprova que o uso de *mesmo* como pronome prejudica a clareza e a elegância da frase.
> Basta fazer uma inversão e eliminar o pronome: *Antes de entrar, verifique se o elevador está parado no andar.*

■ OBJETIVIDADE

Objetividade, clareza e concisão são aspectos do texto que caminham juntos. A falta de algum deles pode prejudicar o percurso da leitura.

Ser objetivo é ir diretamente ao assunto que se deseja abordar, sem rodeios, sem redundâncias. Para conseguir isso, é fundamental que o redator saiba de antemão qual é a ideia principal da mensagem e quais as secundárias, pois aquela deve vir primeiro que estas. A mistura dessas ideias causa a falta de eficácia de tantos textos profissionais.

A objetividade conduz o leitor ao contato mais direto com o assunto e as informações sem subterfúgios, sem excessos de palavras e ideias. É errado supor que a objetividade suprime a delicadeza de expressão, reduzindo ao máximo o texto, tornando-o rude e grosseiro.

> **PARA ESCREVER COM OBJETIVIDADE É NECESSÁRIO IDENTIFICAR:**
> 1. a ideia principal;
> 2. as ideias secundárias;
> 3. quais as ideias que interessam ser expressas e quais as que devem ser dispensadas.

■ CONCISÃO

Em respeito ao tempo do leitor, o escritor deve ser breve. Por isso, na apresentação das ideias, deve esforçar-se para economizar palavras e frases, cortando o que for desnecessário. Às vezes, a eliminação de palavras ou frases leva o redator a cortar períodos inteiros. Ótimo, o leitor sai ganhando. Também ajuda na concisão do texto a substituição de palavras e expressões longas por outras mais breves. No final, o texto fica mais ágil e fácil de ler.

Se for possível usar todas as ideias com poucas palavras, o redator encontrou a fórmula ideal para o texto dele. *Economia de palavras, sim; de ideias, jamais.*

Na prática, a concisão pode ser obtida mediante alguns recursos; vejamos.

Eliminação de artigos indefinidos sempre que possível

O Brasil, um país tão rico, tem um povo carente.
O Brasil, país tão rico, tem povo carente.

Necessita-se de uma metodologia de trabalho que resulte numa maior eficiência da rotina.
Necessita-se de metodologia de trabalho que resulte em maior eficiência da rotina.

Substituição de todos os e todas as por os e as

Todos os recursos foram bem empregados em todas as obras realizadas.
Os recursos foram bem empregados nas obras realizadas.

Todas as equipes obtiveram êxito.
As equipes obtiveram êxito.

Dispensa dos substantivos dia, mês e ano nas indicações de data

O encontro será realizado do dia 7 ao dia 21 de maio.
O encontro será realizado de 7 a 21 de maio.

No dia 30 de janeiro, serão abertas as inscrições...
Em 30 de janeiro, serão abertas as inscrições...

No mês de novembro, será realizada a campanha...
Em novembro, será realizada a campanha...

O problema remonta ao ano de 2022, quando...
O problema remonta a 2022, quando...

Utilização de estrutura nominal em lugar de estrutura oracional

As normas que seriam imprescindíveis para o correto tratamento do caso ainda não foram editadas.

As normas imprescindíveis para o correto tratamento do caso ainda não foram editadas.

Emprego de certas orações na forma reduzida com o uso de particípio

Se forem constadas irregularidades, o presidente determinará abertura de processo administrativo...

Constadas irregularidades, o presidente determinará abertura de processo administrativo...

Depois que as investigações tiverem sido concluídas, o processo será encaminhado ao presidente.
Concluídas as investigações, o processo será encaminhado ao presidente.

Dispensa de verbos auxiliares sempre que possível, sobretudo ser, ter e haver

Ato normativo irá tratar do assunto com mais profundidade.
Ato normativo tratará do assunto com mais profundidade.

Troca de locuções do tipo verbo + substantivo pelo verbo

Proceder à coleta de dados – coletar dados.
Fazer a redação da minuta – redigir a minuta.
Realizar deslocamento – deslocar.
Pôr em ordem – ordenar.

Retirar ideias excessivas

Informamos que a entrada, a frequência e a permanência nas dependências desta Seção são terminantemente proibidas, seja qual for o pretexto, a pessoas que não fazem parte de seu quadro de funcionários.

A melhor redação seria:

É proibida a entrada de pessoas estranhas.

Não se deve acumular palavras e ideias secundárias enfraquecendo a principal. Nesse caso, são cortadas as informações consideradas não relevantes. Eliminam-se introduções não significativas, explicitações de termos desnecessários, informações ilógicas.

É preciso ter cuidado para não condensar demais as informações, tornando o texto denso e duro. O texto administrativo deve ter cordialidade e elegância de expressão frente ao destinatário.

A concisão não significa enxugar o texto de seus elementos de realce. Muitas vezes, pode-se utilizar uma palavra só para dar ênfase ou explicitar a articulação das ideias.

Exemplo: Como *já* é de seu conhecimento.

A palavra *já* poderia não ter sido usada, mas neste momento a sua presença indica que a informação não era novidade.

A concisão está intimamente ligada à redução de um texto. E na redução do texto profissional devem ser observados os seguintes critérios:

1. Redução extensiva: trata-se da substituição de vocábulos e expressões por outros equivalentes no sentido, porém mais curtos.

   O acordo foi assinado porque assim pediram todos – O acordo foi assinado a pedido de todos.

   Atos de guerra – Atos bélicos.

   Pessoa sem discrição – Pessoa indiscreta.

   Fazer uma viagem – Viajar.

Um empecilho sintático – extremamente comum – à concisão é o excesso de quês. Ele é ocasionado pela transposição para a escrita de um fluxo ininterrupto do pensamento, sem que haja o devido cuidado com a estrutura frasal daquilo que é transmitido.

Como corrigi-lo? O excesso de quês pode ser facilmente corrigido com algumas substituições, de uso comum na língua. Observe primeiramente os exemplos:

Espero que me respondas *a fim de* que se esclareçam *as dúvidas* que dizem respeito *ao assunto* que foi discutido.

	Forma reduzida	Classe gramatical
Que me respondas	Resposta	Substantivo abstrato
Que se esclareçam	Esclarecer	Verbo no infinitivo
Que dizem respeito	A respeito, sobre	Locução prepositiva
Que foi discutido	Discutido	Particípio passado

Espero (sua) resposta a fim de esclarecer as dúvidas a respeito do (sobre o) assunto discutido.

2. Redução seletiva: neste caso são cortadas as informações consideradas irrelevantes. Normalmente, eliminam-se introduções textuais não significativas, explicitação de termos desnecessários, informações sem decorrência textual etc.
3. Redução estilística: trata-se da eliminação de elementos vistos como antiquados ou desnecessários, em geral, como redundâncias, circunlóquios, vocabulários sem significação precisa etc.

Em resposta à sua solicitação feita através do Ofício n. 23/2022.

Em resposta à solicitação do Ofício n. 23/2022.

■ COESÃO TEXTUAL

Denomina-se *coesão* o fenômeno que diz respeito ao modo como os elementos presentes na superfície textual se encontram interligados, por meio de recursos linguísticos, formando sequências veiculadoras de sentidos.

Os mecanismos que estabelecem a coesão de um texto são: a referência, a substituição, a elipse, a conjunção (conexão) e a coesão lexical.

1. A *referência* diz respeito aos termos que se relacionam a outros necessários à sua interpretação. Pode ser situacional (extratextual) ou textual. Ela pode dar-se por:
- Anáfora: retomada de um termo; relação com o que é precedente no texto.
   Exemplo:
   O presidente da República evitou a instalação da CPI da corrupção. Ele passou temor e insegurança.
- Catáfora: por antecipação de um termo cuja interpretação depende do que se segue.
   Exemplo:
   Peço-te apenas isto: que não te alienes.
2. A *substituição* é colocação de um item lexical no lugar de outro(s) ou de uma oração.

Exemplo:
Quando os mestres aceitam a mediocridade, os discípulos fazem o mesmo.
3. A *elipse* consiste na omissão de um termo recuperável pelo contexto.
Exemplo:
O decreto regulamenta os casos gerais; a portaria, os particulares.
4. A *coesão lexical* é obtida por meio da reiteração de itens lexicais idênticos ou com o mesmo referente. Destacam-se, então, os *sinônimos*, os *hiperônimos* (termos de caráter genérico, como pássaro) e os *hipônimos* (termos de caráter específico, como canário).
Exemplos:
Convém desmistificar aquele político; desmascará-lo é nossa obrigação (sinônimos).
O manifestante jogou um tomate na cara do ministro; a fruta estava podre (hipônimo/hiperônimo).
5. A *conjunção* é um recurso coesivo diferente dos anteriores porque depende das relações significativas estabelecidas entre orações, entre períodos ou entre parágrafos.
Os principais elementos conjuntivos são as conjunções/locuções conjuntivas, os advérbios/locuções adverbiais, preposições/locuções prepositivas.
Exemplo:
Gosto de cerveja, porém prefiro vinho.

Veja este exemplo:

A inflação é a maior inimiga da Nação. É meta prioritária do governo eliminá-la.

Observe que aqui estão duas ideias diferentes, separadas em duas frases isoladas, sem relação entre si. Faltam palavras de ligação entre elas, que manterão a coesão textual, a unidade da mensagem.

Se as juntarmos com uma palavra de ligação, essas duas frases passarão a se relacionar e o raciocínio ficará mais claro.

Veja esta redação:

A inflação é a maior inimiga da Nação; logo, é meta prioritária do governo eliminá-la.

> As palavras de ligação são cruciais no texto. Além de facilitarem o entendimento da mensagem pela interligação das ideias, tornam o texto mais fácil de ser lido.

Quadro 2 – Elementos de coesão textual

IDEIAS	PALAVRAS	EXPRESSÕES
Adição	e, nem	e não, não só... mas também, tanto... como, não apenas... como
Alternância	ou	ou... ou, ora... ora, quer... quer, seja... seja
Causa	porque, pois, que, dado, visto, por, como	devido a, graças a, por causa de, em vista de, em face de, já que, visto que, uma vez que, em razão de, em virtude de, dado que
Comparação	como, qual	tal como, assim como, do mesmo modo que, como se
Condição	se, caso, sem, salvo, mediante	a menos que, contanto que, exceto se, a não ser que
Conformidade	como, conforme, consoante, segundo	em conformidade com, de acordo com
Consequência imprevista	tão, tal, tanto, tamanho... que	de modo que, de forma que, de sorte que, de maneira que, tanto que
Consequência Lógica	assim, logo, pois, portanto	por conseguinte, assim sendo
Finalidade	para, porque, que	para que, a fim de que, a fim de, com o fito de, com a intenção de, com o propósito de, com o intuito de
Oposição	embora, conquanto	muito embora, apesar de, não obstante, a despeito de, sem embargo de, mesmo que, ainda que, em que pese, posto que, se bem que, por muito que, por mais que
Oposição/ Adversidade	mas, porém, contudo, todavia, entretanto	no entanto
Proporção		à proporção que, à medida que
Restrição	que (pronome relativo)	

Tempo (frequência, ordem, duração, sucessão, anterioridade, posterioridade)	quando, enquanto, apenas, ao, mal, então, enfim, sempre, imediatamente, agora, anteriormente, afinal, raramente, finalmente, agora, hoje, nunca	antes que, logo que, sempre que, assim que, depois que, desde que, toda vez que, cada vez que, logo depois, logo após, a princípio, pouco antes, pouco depois, às vezes, por vezes, não raro, ao mesmo tempo, nesse ínterim, nesse meio tempo, enquanto isso

Estas e outras palavras auxiliam o redator a manter unidade entre os diferentes parágrafos do texto e entre os períodos do parágrafo.

Quadro 3 – Elementos de coesão que ajudam a relacionar parágrafos e períodos do texto

da mesma forma	finalmente	a propósito
aliás	também	daí
em resumo	por fim	dessa forma
por isso	pouco depois	além do mais
em seguida	pelo contrário	além disso
então	assim	em primeiro lugar
enquanto isso	ora	

■ COERÊNCIA

A coerência seleciona as ideias, central e secundárias, escolhendo as mais importantes e cimentando-as por meio de um ponto comum, além de organizar a sequência das ideias, de modo que o leitor perceba facilmente *como* elas são importantes para o desenvolvimento do texto. Mesmo que todos os períodos do parágrafo estejam relacionados entre si, ou deem suporte à ideia principal, se faltar à organização dessas ideias, o texto será confuso, sem coerência.

Quando é que podemos dizer que um texto é coerente e apresenta unidade? Basicamente, quando existe harmonia entre as palavras, isto é, quando elas apresentam vínculos adequados de sentido, e quando a mensagem se organiza de forma sequenciada, tendo um início, um meio e um fim, sem contradições ou mudanças bruscas de pensamento, mantendo a unidade textual.

> Os problemas de incoerência entre as palavras são, muitas vezes, causados pela confusão entre o que se diz e aquilo que realmente se quis dizer.

As frases a seguir, retiradas de relatórios da área agrícola, são exemplos hilariantes dessa situação:

- *Os anexos seguem em separado.* (A frase é ilógica, porque, por definição, "anexo" é algo que está junto.)
- *Trajeto feito a pé, porque não havia animal por perto. Despesa grátis.* (Aqui há dois problemas: 1) Ambiguidade: O trajeto foi feito a pé, porque não havia, por exemplo, um cavalo, que pudesse levar a pessoa? Ou o trajeto pôde ser feito a pé, porque não havia animal perigoso por perto, como cobra, onça... 2) O segundo problema está no período seguinte: Se há despesa, não é grátis; se é grátis, não há despesa.)
- *Acho bom o Banco suspender o negócio do cliente para não ter aborrecimentos futuros.* (A frase ficou vaga: Qual "negócio" do cliente será suspenso?)
- *A máquina elétrica financiada é toda manual e velha.* (A máquina é elétrica ou é manual? Se ela for manual, não será elétrica e vice-versa.)
- *Tendo em vista que o mutuário adquiriu aparelhagem para processar inseminação artificial, e que um dos touros holandeses morreu, sugerimos que se fizesse o treinamento de uma pessoa para tal função.* (Qual função? Função de touro? A frase gera uma ambiguidade na interpretação.)
- *Visitamos o açude da fazenda e, depois de longos e demorados estudos, constatamos que o mesmo estava vazio.* ("Açude" é um reservatório, *grosso modo*, um buraco. Foram necessários "longos e demorados estudos" para ver que ele estava vazio? E a frase tem um erro também no uso do "mesmo", que não deve ser utilizado como pronome. A frase refeita poderia ficar: *Visitamos o açude da fazenda e constatamos que ele/esse estava vazio.*)

■ CONVICÇÃO

Se as palavras revelarem insegurança, incerteza, a posição do redator será enfraquecida, uma vez que o leitor o julgará e avaliará pela firmeza da sua posição.

Ao escrever, mostre que você entende do seu problema, indicando que você sabe o que e por que está escrevendo.

Tome posições claras e seguras, utilizando palavras simples, mas precisas e exatas, certo ou errado, você só tem uma oportunidade para expressar suas ideias. Se você vacilar, não será levado a sério.

Na construção de um tom de voz positivo, tome cuidado para não exagerar. Nunca apresente informações que não possam ser provadas; não suponha nada, nunca utilize o *ouvi dizer*. Tome cuidado com o *achismo*.

Não hesite e não se mostre indeciso; certas palavras ou termos podem sugerir que você não está inteiramente certo das suas ideias, induzindo o leitor a não concordar com o que você diz (e a não agir como você deseja).

Veja essas construções:

Se você acredita que minha reclamação procede, *por favor, providencie a reunião com a equipe.*

Gostaria que você providenciasse a reunião com a equipe.
Por favor, providencie a reunião com a equipe.

O plano, salvo melhor juízo, *é um excelente instrumento estratégico,* contando que *seja disseminado no órgão.*
O plano é um excelente instrumento estratégico e deve ser disseminado no órgão.

Use, sempre, palavras fortes. Não enfraqueça suas ideias com palavras *fracas*, que refletirão insegurança do redator e dificilmente farão com que o leitor responda favoravelmente.

Veja:

Pensei *que você* gostaria *de dirigir a próxima reunião.*
Você gostará de dirigir a próxima reunião.

Espero *que você tenha* condições *de me enviar folhetos e fotos. Por favor, envie-me folhetos e fotos.*

É necessário expor as ideias e as conclusões com firmeza. Não utilize expressões que denotem insegurança, como *SMJ* (salvo melhor juízo), *parece que* ou *entendemos*.

> A Associação Brasileira de Normas Técnicas (ABNT) propõe regras para a estrutura e redação de documentos técnicos por meio da Diretiva Nacional, Parte 2, de 2017. Essa Diretiva estabelece formas verbais com os corretos significados das expressões *deve, pode* e *convém*.
>
> 1) A forma verbal *deve* tem que ser interpretada como sinônimo das seguintes expressões equivalentes:
>   *É para...*
>   *Exige-se que...*
>   *Tem que...*
>   *Somente é permitido...*
>   *É necessário...*
>
> 2) A forma verbal *convém que* deve ser interpretada como sinônimo das seguintes expressões equivalentes:
>   *É recomendado que...*
>   *É indicado que...*
>
> 3) A forma verbal *pode* com o sentido de *permissão* deve ser interpretada como sinônimo das seguintes expressões equivalentes:
>   *Admite-se que...*
>   *Permite-se que...*
>   *É permitido...*
>
> 4) A forma verbal *pode* com o sentido de *possibilidade e capacidade* deve ser interpretada como sinônimo das seguintes expressões equivalentes:
>   *Está apto a...*
>   *É capaz de...*
>   *Há uma possibilidade de...*
>   *É possível que...*

■ RELEVÂNCIA

É necessário expor apenas aquilo que tem importância dentro do contexto e que seja por isso adequado. Não se deve discorrer sobre informações que não resultem em conclusões. Por outro lado, esteja sempre certo de que incluiu no texto todas as informações pertinentes sobre o seu problema.

A concisão relaciona-se diretamente à escolha do conteúdo do texto. E essa é uma das maiores dificuldades da comunicação escrita: escolher entre *o que é necessário e o que não é necessário* comunicar para atingir o resultado desejado.

Para decidir isso, é preciso estabelecer um *filtro de conteúdo*, que deve levar em consideração o leitor – e não o emissor (que geralmente peca ao querer informar demais). O leitor só aceita ler sobre informações e ideias de duas naturezas:

- pertinentes: pertencem estritamente ao assunto da comunicação;
- relevantes: fundamentais para compreensão/conhecimento e tomada de decisão.

> Toda comunicação escrita deve, portanto, ser produzida apenas com o que é pertinente e relevante, ao mesmo tempo.

■ IMPESSOALIDADE

A impessoalidade decorre de princípio constitucional (art. 37 da Constituição Federal), cujo significado remete a dois aspectos: o primeiro prende-se à obrigatoriedade de que a administração proceda de modo a não privilegiar ou prejudicar ninguém, individualmente, e o seu norte é, sempre, o interesse público; o segundo sentido é o da abstração da pessoalidade dos atos administrativos, pois a ação administrativa, em que pese ser exercida por intermédio de seus servidores, é resultado tão somente da vontade estatal.

A redação oficial é elaborada sempre em nome do serviço público e em atendimento ao interesse geral dos cidadãos. Sendo assim, é inconcebível que os assuntos objetos dos expedientes oficiais sejam tratados de outra maneira que não a estritamente impessoal.

Dessa forma, não há lugar na redação administrativa para impressões pessoais, como as que, por exemplo, constam de uma carta a um amigo, ou de um artigo assinado de jornal, ou mesmo de um texto literário. A redação administrativa deve ser isenta da interferência da individualidade que a elabora.

Cumpre, então, que o redator evite marcas de pessoalidade, ressalvados os casos em que for solicitada sua opinião ou a emissão de parecer.

■ FORMALIDADE E PADRONIZAÇÃO

As comunicações administrativas devem ser sempre formais, isto é, obedecer a certas regras de forma (Brasil, 2018: 20). Isso é válido tanto para as comunicações feitas em meio eletrônico (por exemplo, o e-mail, o documento gerado no SEI, o documento em html etc.), quanto para os eventuais documentos impressos.

É imperativa, ainda, certa formalidade de tratamento. Não se trata somente do correto emprego deste ou daquele pronome de tratamento para uma autoridade de certo nível, é mais do que isso: a formalidade diz respeito à civilidade no próprio enfoque dado ao assunto do qual cuida a comunicação.

A formalidade de tratamento vincula-se, também, à necessária uniformidade das comunicações. Ora, se a administração pública federal é una, é natural que as comunicações que expeça sigam o mesmo padrão. O estabelecimento desse padrão, uma das metas deste livro, exige que se atente para todas as características da redação oficial e que se cuide, ainda, da apresentação dos textos.

A digitação sem erros e a correta diagramação do texto são indispensáveis para a padronização.

Em razão de seu caráter público e de sua finalidade, os atos normativos e os expedientes oficiais requerem o uso do padrão culto do idioma, que acata os preceitos da gramática formal e emprega um léxico compartilhado pelo conjunto dos usuários da língua. O uso do padrão culto é, portanto, imprescindível na redação oficial por estar acima das diferenças lexicais, morfológicas ou sintáticas regionais; dos modismos vocabulares e das particularidades linguísticas.

> **Recomendações:**
> - a língua culta é contra a pobreza de expressão e não contra a sua simplicidade;
> - valer-se do padrão culto não significa empregar a língua de modo rebuscado ou utilizar figuras de linguagem próprias do estilo literário;
> - o uso do dicionário e da gramática é imperativo na redação de um bom texto.
>
> Pode-se concluir que não existe propriamente um padrão oficial de linguagem, o que há é o uso da norma-padrão nos atos e nas comunicações oficiais. É claro que haverá preferência pelo uso de determinadas expressões e será obedecida certa tradição no emprego das formas sintáticas, mas isso não implica, necessariamente, que se consagre a utilização de um modelo de linguagem burocrático. Esse jargão, como os demais, deve ser evitado, pois terá sempre sua compreensão limitada.

■ CORREÇÃO TEXTUAL

Significa expressar-se segundo a norma-padrão, ou seja, as normas previstas nos instrumentos que têm por objetivo padronizar o uso da língua portuguesa: manuais de redação, gramáticas, dicionários, normas da ABNT, *Vocabulário Ortográfico da Língua Portuguesa* (*Volp*).

Obtém-se a correção textual ao:

- dar especial atenção à morfologia, à sintaxe e à semântica;
- obedecer aos padrões ortográficos vigentes;
- fugir dos vícios de linguagem e da estereotipia;
- rever criteriosamente o texto.

Os seguintes erros podem prejudicar a correção de um texto:

1. Erros de digitação: podem ocorrer por falta de atenção, pressa ou ausência de revisão. O erro de digitação pode:
   - Demonstrar falta de cuidado com o texto por parte do redator. Exemplo: escrever *vérios documentos*, em vez de *vários documentos. Mteamática* por *Matemática* (transposição da letra);
   - Comprometer a credibilidade do texto e/ou se tornar motivo de chacota.
     Exemplo: *Acatamos o peido* (pedido) *do menor.*
     Sérgio Caralho (Carvalho);
   - Alterar o teor do texto: modificar um número, uma data, um valor, trocar uma letra e mudar o sentido de uma palavra e/ou frase (*perfeito* em vez de *prefeito*, por exemplo) etc.

A correção ortográfica é requisito elementar de qualquer texto, e ainda mais importante quando se trata de documentos oficiais. O que na correspondência particular seria apenas um lapso de digitação pode ter repercussões indesejáveis quando ocorre no texto de uma comunicação oficial ou de um ato normativo. Assim, toda revisão que se faça em determinado documento ou expediente deve sempre levar em conta a correção ortográfica.

Com relação aos erros de grafia, pode-se dizer que são de dois tipos: os que decorrem do emprego inadequado de determinada letra por desconhecimento de como escrever uma palavra e aqueles causados por lapso de digitação. Para sanar as dúvidas relativas aos do primeiro tipo, você pode recorrer ao dicionário; as do segundo, só a revisão atenta pode resolver.

> Diversos tribunais já decidiram que erro material – de digitação – que não altera o conteúdo do texto não torna nulo o documento, seja ele oficial, um processo, uma prova de concurso, um contrato ou outros.

2. Erros no mau uso de palavras e expressões "parecidas": ocorrem em razão da troca da grafia em palavras ou expressões consideradas parecidas, mas que têm sentido diferente: *onde* x *aonde*, *mal* x *mau*, *mas* x *mais*, *a* x *há*, *ao invés de* x *em vez de*, *ao encontro de* x *de encontro a*, *à medida que* x *na medida em que* etc.
3. Questões gramaticais mais estigmatizadas: na língua portuguesa, há variantes linguísticas consideradas mais estigmatizadas, como por exemplo: *meia* preocupada, *menas* pessoas, para *mim* fazer, em que a gramática orienta como norma: *meio* preocupada, *menos* pessoas, para *eu* fazer. Tais questões se relacionam a fatores sociais mais que a fatores meramente linguísticos.
4. Questões gramaticais menos estigmatizadas: há também variantes linguísticas menos estigmatizadas, ou seja, questões não aceitas pelas gramáticas ou pelos dicionários, mas que, pelo fato de não haver influência social, não são estigmatizadas. Muitas vezes, são formas desconhecidas ou nem são percebidas pelo redator e/ou pelo leitor.
Exemplos:
Segue anexo duas cópias do contrato. (Seguem anexas.)
apenar X penalizar.
protocolar X protocolizar.
O projeto visa o desenvolvimento da área. (Visa ao.)
5. Questões gramaticais que modificam o sentido do texto: outros tipos de erros prejudicam ou alteram a compreensão da mensagem.

Exemplos:
Destacam-se os jornalistas, que defendem a liberdade de expressão.
(Todos os jornalistas.)
Destacam-se os jornalistas que defendem a liberdade de expressão.
(Somente os que defendem a liberdade de expressão.)
Muitas vezes, uma vírgula altera o sentido de uma frase. Isso já foi muito bem usado em uma propaganda da Associação Brasileira de Imprensa (ABI) em comemoração aos seus 100 anos de existência:
A vírgula pode ser uma pausa... ou não.
Não, espere.
Não espere.
Aceito, obrigado.
Aceito obrigado.
Isso só, ele resolve.
Isso, só ele resolve.
Esse, juiz, é corrupto.
Esse juiz é corrupto.
Não queremos saber.
Não, queremos saber.

Outros exemplos, agora com o uso do pronome demonstrativo, para evidenciar como determinada regra gramatical pode alterar o sentido do texto:

> Autorizamos a cessão do servidor com ônus para *este* órgão (o cedente).
>
> Autorizamos a cessão do servidor com ônus para *esse* órgão (para onde o servidor é cedido).

A correção textual é um atributo fundamental dos documentos oficiais. Quando um documento sai de um órgão público, ele leva, além de informações, a imagem daquela instituição. E a falta de correção textual pode evidenciar ausência de cuidado com o texto ou levar o leitor a duvidar da competência do emissor, uma vez que determinadas questões linguísticas, especialmente as mais estigmatizadas, prejudicam a credibilidade do emissor do texto.

Vícios de linguagem que prejudicam a eficácia do texto oficial

De acordo com o gramático Napoleão Mendes de Almeida, vícios de linguagem são palavras ou construções que deturpam ou dificultam a manifestação do pensamento. Costumam ocorrer por desconhecimento das normas-padrão ou por descuido por parte do emissor e podem comprometer a qualidade do texto. Vejamos alguns deles a seguir.

■ AMBIGUIDADE

Ambígua é a frase ou oração que pode ser tomada em mais de um sentido.

> Como a clareza é requisito básico de todo texto oficial, deve-se atentar para as construções que possam gerar equívocos de compreensão.

A ambiguidade decorre, em geral, da dificuldade de identificar a que palavra se refere um pronome que possui mais de um antecedente na terceira pessoa. Pode ocorrer com:

- **Pronomes pessoais**

Ambíguo: *O ministro comunicou a seu secretariado que ele seria exonerado.*
Claro: *O ministro comunicou a própria exoneração a seu secretariado.*
Ou então, caso o entendimento seja outro:
Claro: *O ministro comunicou a seu secretariado a exoneração deste.* (O pronome deste retoma o último elemento citado, no caso, o secretariado.)

- **Pronomes possessivos e pronomes oblíquos**

Ambíguo: *O deputado saudou o presidente da República, em seu discurso, e solicitou sua intervenção no seu estado, mas isso não o surpreendeu.*

Observe que o excesso de ambiguidade nesse exemplo dificulta a compreensão da frase.

Claro: *Em seu discurso, o deputado saudou o presidente da República. No pronunciamento, solicitou a intervenção federal no estado de Minas Gerais, o que não surpreendeu o chefe do Poder Executivo.*

- **Pronome relativo**

Ambíguo: *Roubaram a mesa do gabinete em que eu costumava trabalhar.*

Não fica claro se o pronome relativo da segunda oração se refere à mesa ou ao gabinete. Essa ambiguidade se deve ao pronome relativo *que*, sem a marca de gênero. A solução é recorrer às formas *o qual, a qual, os quais, as quais*, que marcam gênero e número.

Claro: *Roubaram a mesa do gabinete no qual eu costumava trabalhar.*

Se o entendimento é outro, então:

Claro: *Roubaram a mesa do gabinete na qual eu costumava trabalhar.*

Há, ainda, a ambiguidade decorrente da dúvida sobre a que se refere a oração reduzida:

Ambíguo: *Sendo indisciplinado, o chefe advertiu o funcionário.*

Para evitar a ambiguidade desse exemplo, deve-se deixar claro qual o sujeito da oração reduzida.

Claro: *O chefe advertiu o funcionário por ser este indisciplinado.*

Ambíguo: *Depois de examinar o paciente, uma senhora chamou o médico.*

Claro: *Depois que o médico examinou o paciente, foi chamado por uma senhora.*

Muitas vezes, a informação a ser transmitida é tão conhecida pelo redator, que este não percebe que a maneira como ele escreve pode gerar ambiguidade, resultando na má interpretação da mensagem e ocasionando múltiplos sentidos.

> Uma boa sugestão para evitar a ambiguidade é solicitar a um colega que revise o texto. Caso seja identificada a ambiguidade, não tente justificar oralmente, pois o colega não vai *anexo* para explicar a situação ao receptor.
> Agradeça pela gentileza e reescreva o texto. Essa prática colaborativa pode ajudar no aprimoramento das tarefas profissionais.

■ PLEONASMO OU TAUTOLOGIA

Pleonasmo é a redundância ou a repetição desnecessária de um termo ou de uma ideia. O *Manual de redação da Presidência da República*, nas normas gerais, recomenda que, na redação dos atos e comunicações oficiais, devem ser evitadas: a repetição das mesmas palavras, a utilização de palavras cognatas, tais como: *designação* e *designado*, *compete* e *competente* etc.

Todos *foram* unânimes *em apoiar a proposta.*

O erário público *é alvo de corrupção no Brasil.*

O *palestrante apresentará um* panorama geral *da situação atual da economia brasileira.*

Não há elo de ligação *entre os partidos.*

Preparou de antemão *os tópicos do relatório.*

Em minha própria opinião pessoal, *não houve erro.*

Como fato real, *indico a ocorrência do desmatamento.*

Veja a seguinte lista:

Pleonasmo	Significado
Subir para cima	Se está subindo, só pode ser para cima.
Descer para baixo	Se está descendo, é para baixo.
Entrar para dentro	Se está entrando, é para dentro.
Sair para fora	Se está saindo, é para fora.
Unanimidade de todos	Se é unânime, trata-se de todos.

VÍCIOS DE LINGUAGEM QUE PREJUDICAM A EFICÁCIA DO TEXTO OFICIAL

Acabamento final	Se é um acabamento, só pode ser final.
Surpresa inesperada	Se é uma surpresa, logo, será inesperada.
Encarar de frente	Se a pessoa está encarando, só pode ser de frente.
Certeza absoluta	Se uma pessoa tem certeza, ela só pode ser absoluta.
Elo de ligação	Se é um elo, apenas é de ligação.
Dupla de dois	Se é dupla, tem que ser de dois.
Isto é um fato real	Se é fato, é real.
Multidão de pessoas	Se é uma multidão, só pode ser de pessoas.
Estreia pela primeira vez	Se é estreia, tem que ser a primeira vez.
Panorama geral	Se é um panorama, é uma abordagem geral.
Criar novas	Se você cria alguma coisa, logo ela é nova.
Própria autobiografia	A autobiografia é a sua própria biografia.
Infarto do coração	O infarto é uma lesão que afeta o miocárdio.
Há muitos anos atrás	Se algo ocorreu há muitos anos, é pretérito.
Países do mundo	Os países estão localizados no mundo (planeta).
Viúvo(a) do falecido(a)	Se ele(a) é viúvo(a), seu marido(esposa) está falecido(a).

A repetição é um vício de linguagem, quando o redator não percebe que está reiterando desnecessariamente um termo ou uma ideia. Mas, em algumas situações, a repetição é intencional e tem o objetivo de destacar uma informação, podendo tornar o texto mais claro para o leitor. Veja:

Amanhã, sexta-feira, 25 de março, não haverá aula.

Bastaria que se utilizasse uma das expressões:

Amanhã não haverá aula.

Mas ao se ressaltar o dia da semana e o dia do mês, a informação se torna mais precisa. Pode até facilitar a leitura, pois o receptor se localizará melhor no tempo, com o acréscimo dessas informações.

Veja mais um exemplo:

Convocamos todos os servidores a realizarem exames médicos obrigatórios, por determinação do Ministério da Saúde.

Poderíamos considerar que o termo *obrigatório* está sobrando no texto, uma vez que toda *determinação* é algo obrigatório. No entanto, o uso da expressão pode evidenciar essa informação para os leitores. Assim, mesmo sendo uma repetição, é possível utilizá-la para destacar a ideia que se pretende realçar, sem prejudicar o texto.

Entretanto, quando a redundância ou repetição é desnecessária, ou seja, quando não traz reforço algum à ideia, o pleonasmo é antes um vício de linguagem que pode denotar falta de conhecimento quanto ao sentido das palavras no texto e falta de atenção ou de cuidado na revisão final do documento.

■ QUEÍSMO

Queísmo é um vício de linguagem que consiste no uso desnecessário ou excessivo de orações subordinadas, que resultam enfadonhas repetições de *quês*. Esse recurso é geralmente trazido da linguagem oral. Veja:

Espero que *me responda a fim de* que *se esclareçam as dúvidas* que *dizem respeito ao assunto* que *foi discutido.*

Observe como a mesma frase ficaria mais objetiva, concisa e, consequentemente, mais clara sem o excesso de quês:

Espero resposta a fim de esclarecer dúvidas a respeito do assunto discutido.

Mais um exemplo:

Quando chegaram, pediram que *devolvesse o documento* que *me fora enviado por ocasião da auditoria* que *se realizou no final do ano* que *passou.*

A frase poderia ser reescrita da seguinte forma:

Quando chegaram, pediram a devolução do documento a mim enviado por ocasião da auditoria realizada no final do ano passado.

> Não é *errado* utilizar *quês* em um texto. O excesso, no entanto, pode tornar o texto cansativo, longo, comprometendo a concisão e a objetividade.

■ ESTRANGEIRISMO

Estrangeirismo são palavras, expressões ou frases estrangeiras utilizadas desnecessariamente em nossa língua.

Exemplo: *Paper, call, sale, free, off, coffee break, brainstorm, cybercafé* etc.

Há basicamente quatro formas de se lidar com termos estrangeiros em nossa língua:

- usar a palavra na língua original;
- usar a tradução;
- buscar termo(s) equivalente(s) em português;
- aportuguesar a palavra;
- usar a palavra na língua original: *mouse, backup, bullying*. (Algumas pessoas têm a impressão de que a forma estrangeira é mais prestigiada. Já foi moda no Brasil utilizar o francês (galicismos), hoje o que se destaca são termos em inglês (anglicismos): *fashion, cool, chic*);
- usar a tradução: correio eletrônico, para e-mail; Aberto da Austrália, para *Open* da Austrália.

Nomes de instituições, empresas e estabelecimentos estrangeiros são escritos sem itálico, com iniciais maiúsculas. Quanto à tradução dos nomes, observe dois aspectos:

a) Marcas comerciais não devem ser traduzidas: Apple, Bank of Boston, Credit Suisse, Lehman Brothers.

b) No que se refere a instituições e órgãos (museus, universidades, departamentos, órgãos públicos, entidades financeiras), o importante é que a informação fique clara. Para isso, pode-se traduzir ou explicar o nome da instituição ou compará-la a órgãos similares brasileiros.

Exemplos:

O Federal Reserve System, o banco central americano.
O Moma, o Museu de Arte Moderna de Nova York.

- Buscar termo(s) equivalente(s) em português: usar *dispositivo apontador eletrônico*, em vez de utilizar *mouse*.
  Em geral, essa estratégia pode gerar confusão, se o termo não for amplamente conhecido no Brasil.
- Aportuguesar a palavra: esse processo transforma verbetes como *delete* em *deletar, scan* em *escanear, stress* em *estresse*. Quando acontece esse processo, as palavras são submetidas às regras ortográficas vigentes na língua portuguesa, inclusive com a busca de equivalentes do ponto de vista fonético, da pronúncia.

Nos dicionários, no *Volp*, no *Manual do Senado Federal* etc., há registro de diversas palavras que já estão aportuguesadas.

Na língua portuguesa falada no Brasil, mesmo que a grafia dos termos estrangeiros não esteja aportuguesada, sua pronúncia costuma seguir os padrões silábicos de nossa língua, por exemplo *shopping* é simplesmente [xópin].

Ao redigir um termo estrangeiro, pondere o seguinte: Há um equivalente em português que seja conhecido? Se já existir uma forma aportuguesada, não use o estrangeirismo. É o caso de fôlder, em vez de *folder*; pôster, em vez de *poster*.

No contexto em questão, o natural é usar o termo em português ou na língua original? Se houver um termo equivalente em português, prefira-o à palavra estrangeira. Use cardápio, e não *menu*; padrão, e não *standard*; primeiro-ministro ou premiê, e não *premier*; pré-estreia, e não *avant-première*.

Em geral, as palavras ou expressões de língua estrangeira devem ser utilizadas somente quando indispensáveis em razão de serem designações ou expressões de uso já consagrado ou que não tenham exata tradução. Nesses casos, o *Manual de redação da Presidência da República* adota itálico. Exemplo: *ad referendum*.

Se o termo estrangeiro já foi incorporado à língua portuguesa na sua forma original, use-o sem destaque. Em geral, esses termos estão registrados nos dicionários e no *Volp*, da Academia Brasileira de Letras. São palavras de uso amplo, como marketing, office boy, blog, download, free shop, on-line, iceberg.

■ JARGÃO FORA DE CONTEXTO

Jargão são palavras, expressões ou maneiras características e específicas de determinado grupo profissional se comunicar. Por exemplo, os advogados, os economistas, os médicos, os analistas de sistema, os militares etc. têm termos específicos e até uma linguagem própria.

> A linguagem técnica existe para tornar mais ágil a comunicação entre pessoas que dominam os mesmos conteúdos. Porém, toda linguagem de um grupo fechado deve sofrer uma adequação, quando o grupo de destinatários se amplia.

■ CLICHÊ

Assim são denominados os *lugares-comuns*, os *modismos*, as fórmulas estereotipadas, desgastadas pelo uso excessivo, frequentemente utilizadas na comunicação verbal.

Muitos redatores lançam mão de clichês, acreditando que tais palavras representam qualidade ou erudição. Na realidade, a estereotipia representa pobreza vocabular, devendo ser rejeitada por aqueles que pretendem imprimir ao texto precisão e clareza.

Muitos modismos, aliás, contrariam a norma-padrão e, por serem demasiadamente empregados na linguagem coloquial, são aceitos como corretos pela maioria dos usuários do idioma.

Alguns exemplos de clichês:

Tecer considerações
Grata satisfação
Lamentável equívoco
Dirimir dúvidas
Acertar os ponteiros
Ao apagar as luzes
Assolar o país
Baixar a guarda
Astro-rei (sol)
Cair como uma bomba
Crítica construtiva
Depois de longo e tenebroso inverno
Em nível de
Deixar a desejar
Chegar a um denominador comum
Dizer cobras e lagartos
Em sã consciência
Estar no fundo do poço
Hora da verdade
Inflação galopante
Inserido no contexto
Perda irreparável
Perder o bonde da história
Pomo da discórdia
Tábua da salvação
Voltar à estaca zero
Singela homenagem
Face a
Fazer uma colocação
Enquanto
Junto a
Através de (= por meio de, por intermédio de)
etc.

A comunicação escrita, dependendo da área a que pertence, apresenta fórmulas feitas, amplamente utilizadas, que fazem parte do jargão profissional. Condena-se, no entanto, o uso abusivo de clichês, que compromete a mensagem, dificulta a compreensão dela, não se justificando, consequentemente, o apego exagerado de alguns redatores a tais formas.

Expressões desse tipo devem ser substituídas por outras mais elegantes e criativas que personalizem a redação.

■ CHAVÕES

Chavões são expressões já incorporadas aos textos administrativos. São expressões próprias da redação oficial. Alguns chavões já foram oficiais, mas deixaram de ser com a modernização da administração pública. Atualmente, o chavão é considerado um vício de estilo.

Algumas dessas expressões contêm erros semânticos (de interpretação). Outras são apenas expressões que, de tanto uso, tornaram-se muletas que convém evitar, uma vez que não conferem ao texto a necessária autenticidade. Dizemos que são muletas porque, assim como quem precisa de apoio para andar, alguns redatores imaginam que precisam de chavões para redigir. Veja alguns dos chavões mais frequentes nos textos oficiais:

Venho, através deste, comunicar...

Venho, por meio deste, propor...

Vimos, pela presente, informar...

Tem a presente a finalidade de solicitar...

A primeira expressão, *Venho através deste...*, além de ser chavão, é construída com o termo *através* com sentido inadequado para a situação. De acordo com o *Manual de redação da Presidência da República*, *através* quer dizer de *lado a lado*, *por entre*, como utilizado na seguinte frase: *A viagem incluía deslocamentos através de boa parte da floresta.*

O *Dicionário Aurélio* registra a expressão *através de* com o sentido de *por meio de*. Isso ocorre, pois os dicionários têm o objetivo de registrar usos gerais da língua, mesmo que sejam usos informais, gírias, palavrões etc. Como muitos documentos utilizam a expressão *através* como sinônimo de *por meio de*, o dicionário passou a registrar a expressão.

No entanto, conforme explicamos inicialmente, tomamos o *Manual de redação da Presidência da República* como referência. Por isso, preferimos evitar o uso da expressão *através de* como sinônimo de *por meio de, por intermédio de*.

Deve-se, portanto, evitar o emprego com o sentido de meio ou instrumento; nesse caso, pode-se optar por *por intermédio de, mediante, por meio de, segundo, servindo-se de, valendo-se de*:

O projeto foi apresentado por intermédio *do departamento.*

O assunto deve ser regulado por meio *de decreto.*

A comissão foi criada mediante *portaria do ministro de Estado.*

Além disso, em nome da objetividade e da concisão, tais expressões podem ser simplesmente retiradas:

Venho, através deste, comunicar... = Comunico

Venho, por meio deste, propor... = Proponho

Vimos, pela presente, informar... = Informamos

Tem a presente a finalidade de solicitar... = Solicitamos

Outro chavão que pode apresentar problemas semânticos é a expressão:

Acusamos o recebimento de...

O primeiro sentido do verbo *acusar* é *imputar falta, delito ou crime, culpar.*

Um servidor público que trabalhava na ouvidoria de determinada instituição relatou que era padrão, sempre que recebiam um contato, enviarem a seguinte resposta: *Acusamos o recebimento de sua mensagem...* Em determinada ocasião, um cidadão, ao receber essa resposta, ligou para a instituição indignado: *Eu envio uma carta para vocês, com sugestões para melhorar o meu País, e vocês vêm me acusar! Eu estou sendo acusado de quê?*

Para evitar tal mal-entendido, prefira *em resposta a..., em atenção a..., em referência a..., informamos o recebimento, confirmamos o envio,* dependendo do sentido do texto.

Alguns documentos, no assunto ou logo abaixo do assunto, citam referência ao número de um processo ou de um documento e, no corpo do texto, para mencionar a referência, usam as expressões: *acima citado, supramencionado, em epígrafe, epigrafado.*

Se, na referência, citou-se o processo número 1.000, no texto, é a ele que o documento irá se referir. O mais recomendado é, na primeira menção no corpo do texto, repetir o número do processo e, nas demais referências, utilizar os termos *o referido processo, o processo citado, o processo mencionado.*

Observe que *o referido, o citado, o mencionado* não devem estar sozinhos na frase, isto é, eles são adjetivos e devem vir acompanhados do nome ao qual se referem:

O ofício foi redigido. O referido trata da exoneração do servidor Fulano de Tal.

O ofício foi redigido. O referido documento *trata da exoneração do servidor Fulano de Tal.*

Note, ainda, que as expressões *supramencionado* e *acima citado* são redundantes. Se algo já foi mencionado no texto, foi citado *acima* ou *supra* (citado, mencionado ou dito acima).

Também são consideradas chavões as expressões o *corrente mês..., o mês em curso....* Para que fazer o leitor olhar a data? Escreva o nome do mês. O texto se tornará mais preciso e objetivo.

Outros chavões podem ser deselegantes: O redator elabora um convite e finaliza com a expressão: *Desde já, contamos com a sua presença*. O receptor ainda não disse se irá ao evento e o emissor já está contando com a sua presença. Ou o emissor redige um pedido e conclui assim: *Na certeza de contar com o seu apoio... ou Contamos com a sua colaboração*. Ou, ainda: *Agradecemos antecipadamente...* Não tenha certezas prévias, pois isso pode inibir o receptor a dar uma resposta. Se a intenção realmente for dar um *empurrãozinho* no leitor, para que ele aja conforme se espera, utilize essa ideia de maneira mais elegante, empregue o futuro: *Ficaremos gratos com a sua colaboração... Esperamos contar com a sua presença.*

Outrossim é uma palavra em desuso. Raramente conhecemos alguém que fale ou escreva *outrossim*. É um advérbio que significa *igualmente, também*. Por que, então, você não usa *ainda, também, igualmente*? São formas mais comuns e dão o sentido que se quer. Além de evitar o chavão, o texto ganhará em clareza.

Aproveitamos o ensejo para apresentar (ou renovar) protestos de elevada estima e consideração. Hélio Beltrão, quando propôs a modernização da administração pública, tirou esse fecho da correspondência oficial, em 1982, e Celso Luft, na revisão do *Manual de redação da Presidência da República*, repetiu a proibição, em 1991, mas algumas pessoas insistem em utilizar tal fecho. A redação oficial já teve 15 fechos amplamente utilizados. Atualmente, só há dois: *atenciosamente* ou *respeitosamente*.

Sem mais para o momento... Limitados ao acima exposto...,

Sendo só o que se nos apresenta no momento...

Precisa avisar que acabou? As expressões *atenciosamente* ou *respeitosamente* cumprirão o papel de arrematar o texto.

No aguardo... Na expectativa...
Essa construção geralmente fica sem verbo!
Use *espero...* ou *aguardo...*

Temos a honra, o prazer, a satisfação.
Pedante e sem sentido. Não utilize esse tipo de ideia.

De ordem, comunico que...
De ordem é uma expressão que serve para mostrar quem tem poder e quem não tem, denota autoritarismo. Na moderna administração pública, os líderes não dão *ordem*, os líderes solicitam, pedem, determinam. Há maneiras mais gentis, profissionais e menos autoritárias de mostrar ao receptor que tal tarefa foi demandada por um superior hierárquico: *por solicitação, por determinação, a pedido.*

Muito agradeceria os bons préstimos de Vossa Senhoria no sentido de...

Cumprimentando-o, cordialmente...

> **Reflexões**
>
> Antigamente, na época da administração patrimonialista, era necessário bajular alguém para conseguir uma resposta positiva a respeito do que se estava pedindo. Hoje, com a Constituição Federal, tem-se a consciência de ser um servidor do público – interno ou externo –; essas "estratégias", portanto, não condizem com a realidade atual ou com a realidade que esperamos ter.
>
> Observa-se uma mudança de cultura, que se reflete em mudança linguística nos documentos profissionais. Se tais mudanças ainda não se completaram, cabe a todos que redigem em nome do órgão público o comprometimento total, fazendo a sua parte para termos instituições mais eficientes e modernas.

As comunicações oficiais

■ O QUE É REDAÇÃO OFICIAL

Em uma frase, pode-se dizer que redação oficial é a maneira pela qual o poder público redige atos normativos e comunicações.

A redação aplicada ao contexto oficial se caracteriza pela linguagem formal e pela padronização e uniformidade dos documentos emitidos.

De acordo com o *Manual de redação da Presidência da República* (Brasil, 2018: 16), "a redação oficial não é necessariamente árida e contrária à evolução da língua. É que sua finalidade básica – comunicar com objetividade e máxima clareza – impõe certos parâmetros ao uso que se faz da língua".

■ HISTÓRICO DO *MANUAL DE REDAÇÃO DA PRESIDÊNCIA DA REPÚBLICA*

O grande marco da mudança nas comunicações oficiais começou em 1991, com a publicação da primeira edição do *Manual de redação da Presidência da República*, o qual possibilitou melhor profissionalização dos servidores públicos. A obra tratava das comunicações oficiais, sistematizava seus aspectos essenciais, padronizava a diagramação dos expedientes, exibia modelos, simplificava os fechos que vinham sendo utilizados desde 1937, suprimia arcaísmos e apresentava uma súmula gramatical aplicada à redação oficial.

Seu maior mérito foi padronizar e simplificar a linguagem oficial. Buscaram-se eliminar introduções habituais, como *Vimos, através deste, solicitar os bons préstimos de Vossa Senhoria no sentido de...*, e fechos formais, como *Aproveitamos o ensejo para renovar protestos de elevada estima e distinta consideração*. Tais elementos textuais refletiam uma administração pública patrimonialista, em que havia a realidade de *bajular* alguém para conseguir algo.

A primeira revisão da obra ocorreu em 2002, motivada pelas alterações tecnológicas da época. Dava-se início, naquele momento, à utilização, ainda tímida, do correio eletrônico (e-mail) como documento oficial. A ênfase ainda era a padronização de aspectos formais, como a mudança da localização do endereçamento nos ofícios (que passou da parte inferior da primeira página para a parte superior), o registro da numeração do primeiro parágrafo, o fecho alinhado aos parágrafos (em vez de centralizado).

Em dezembro de 2018, foi publicada a terceira edição do *Manual de redação da Presidência da República*, não só em consequência do novo Acordo Ortográfico da Língua Portuguesa, mas, principalmente, em razão dos modernos sistemas eletrônicos e novas tecnologias, que têm impactado a geração e a tramitação de documentos oficiais, entre outras mudanças culturais na administração pública.

Destaca-se, como principal exemplo, o Sistema Eletrônico de Informação (SEI), utilizado na administração pública federal, que permite aprimorar a gestão documental e facilitar o acesso de servidores e cidadãos às informações institucionais, propiciando celeridade, segurança e economicidade.

■ EMPREGO DOS PRONOMES DE TRATAMENTO

A atual edição do *Manual* destaca, como novidade, um quadro com cinco colunas, apresentando as autoridades, o endereçamento, o vocativo, o tratamento e a abreviatura correspondentes.

O pronome de tratamento é utilizado no corpo do texto; o vocativo, no início do documento, dirigindo-se ao destinatário. E o endereçamento é o texto utilizado no envelope que contém a correspondência oficial ou no início do ofício.

O *Manual* lista, conforme o Quadro 4, apenas alguns exemplos de autoridades, meramente exemplificativos, com a justificativa de que a profusão de normas estabelecendo hipóteses de tratamento por meio do pronome *Vossa Excelência* para categorias específicas tornou inviável arrolar todas as hipóteses.

Quadro 4 – Exemplos de autoridade

Autoridade	Endereçamento	Vocativo	Tratamento no corpo do texto	Abreviatura
Presidente da República	A Sua Excelência o Senhor	Excelentíssimo Senhor Presidente da República	Vossa Excelência	Não se usa
Presidente do Congresso Nacional	A Sua Excelência o Senhor	Excelentíssimo Senhor Presidente do Congresso Nacional	Vossa Excelência	Não se usa
Presidente do Supremo Tribunal Federal	A Sua Excelência o Senhor	Excelentíssimo Senhor Presidente do Supremo Tribunal Federal	Vossa Excelência	Não se usa
Vice-Presidente da República	A Sua Excelência o Senhor	Senhor Vice-Presidente da República	Vossa Excelência	V.Exa.
Ministro de Estado	A Sua Excelência o Senhor	Senhor Ministro	Vossa Excelência	V.Exa.
Secretário-Executivo de Ministério e cargos especiais	A Sua Excelência o Senhor	Senhor Secretário-Executivo	Vossa Excelência	V.Exa.
Embaixador	A Sua Excelência o Senhor	Senhor Embaixador	Vossa Excelência	V.Exa.
Oficial-General das Forças Armadas	A Sua Excelência o Senhor	Senhor + Posto	Vossa Excelência	V.Exa.
Outros postos militares	Ao Senhor	Senhor + Posto	Vossa Senhoria	V.Sa.

Senador da República	A Sua Excelência o Senhor	Senhor Senador	Vossa Excelência	V.Exa.
Deputado Federal	A Sua Excelência o Senhor	Senhor Deputado	Vossa Excelência	V.Exa.
Ministro do Tribunal de Contas da União	A Sua Excelência o Senhor	Senhor Ministro do Tribunal de Contas da União	Vossa Excelência	V.Exa.
Ministro dos Tribunais Superiores	A Sua Excelência o Senhor	Senhor Ministro	Vossa Excelência	V. Exa.

Fonte: Brasil (2018: 23-4).

Outros manuais de redação oficial do país relacionam listas detalhadas de autoridades que devem receber o tratamento *Vossa Excelência*. Um dos manuais mais completos em termos de autoridades e seu respectivo tratamento é o *Manual de padronização de textos do STJ* (Brasil, 2016), que apresenta uma lista de mais de 70 autoridades, organizada em ordem alfabética, conforme secular tradição.

■ CONCORDÂNCIA COM OS PRONOMES DE TRATAMENTO

Os pronomes de tratamento apresentam certas peculiaridades quanto às concordâncias verbal, nominal e pronominal. Embora se refiram à segunda pessoa gramatical (à pessoa com quem se fala), levam a concordância para a terceira pessoa do singular.

Os pronomes Vossa Excelência ou Vossa Senhoria são utilizados para se comunicar diretamente com o receptor.

Exemplo:

Vossa Senhoria designará o assessor.

Quanto aos adjetivos referidos a esses pronomes, o gênero gramatical deve coincidir com o gênero da pessoa a que se refere, e não com o substantivo que compõe a locução.

Exemplos:

Se o interlocutor for homem, o correto é: *Vossa Excelência está atarefado.*

Se o interlocutor for mulher: *Vossa Excelência está atarefada.*

O pronome Sua Excelência é utilizado para se fazer referência a alguma autoridade (indiretamente).

Exemplo:

Convidamos, para compor a mesa de honra, A Sua Excelência o Senhor Ministro de Estado Chefe da Casa Civil.

■ SIGNATÁRIO

■ Cargos interinos e substitutos

Na identificação do signatário, depois do nome do cargo, é possível utilizar os termos interino e substituto.

> Interino é aquele nomeado para ocupar transitoriamente cargo público durante a vacância; substituto é aquele designado para exercer as atribuições de cargo público vago ou no caso de afastamento e impedimentos legais ou regulamentares do titular.

Esses termos devem ser utilizados depois do nome do cargo, sem hífen, sem vírgula e em minúsculo.

Exemplos:

Diretor-Geral interino

Secretário-Executivo substituto

▪ Signatárias do sexo feminino

Na identificação do signatário, o cargo ocupado por pessoa do sexo feminino deve ser flexionado no gênero feminino.

Exemplos:

Ministra de Estado

Secretária-Executiva interina

Técnica Administrativa

Coordenadora Administrativa

▪ Política inclusiva de gênero

> O tema da feminização linguística já foi objeto de legislação no Brasil em pelo menos dois momentos. Em 1956, o então presidente da República Juscelino Kubitschek sancionou a Lei n. 2.749, de 2 de abril de 1956 (Brasil, 1956), cujo art. 1º dizia:
>
>> Será invariavelmente observada a seguinte norma no emprego oficial de nome designativo de cargo público: O gênero gramatical desse nome, em seu natural acolhimento ao sexo do funcionário a quem se refira, tem que obedecer aos tradicionais preceitos pertinentes ao assunto e consagrados na lexicologia do idioma. Devem, portanto, acompanhá-lo neste particular, se forem genericamente variáveis, assumindo, conforme o caso, eleição masculina ou feminina, quaisquer adjetivos ou expressões pronominais sintaticamente relacionadas com o dito nome.

Em 3 de abril de 2012, 56 anos depois, a presidente Dilma Rousseff sancionou a Lei n. 12.605 (Brasil, 2012), que dispôs sobre a flexão de gênero em nomes de profissão ou grau. Segundo o art. 1º da referida Lei: "As instituições de ensino públicas e privadas expedirão diplomas e certificados com a flexão de gênero correspondente ao sexo da pessoa diplomada, ao designar a profissão e o grau obtido".

O art. 5º da Constituição dispõe sobre os princípios da igualdade e da isonomia e trata da importância de espaços democráticos e institucionais com tratamento igualitário entre homens e mulheres.

Recentemente, o Conselho Nacional de Justiça (CNJ), na Resolução n. 376, de 2 de março de 2021, dispôs sobre o emprego *obrigatório* da flexão de gênero para nomear profissão ou demais designações na comunicação social e institucional do Poder Judiciário nacional.

É premente e conveniente a adoção de ações com vistas à reafirmação da igualdade de gênero, na linguagem adotada no âmbito profissional, em detrimento da utilização do masculino genérico nas situações de designação de gênero.

■ Grafia de cargos compostos

Escrevem-se com hífen:

1. cargos formados pelo adjetivo *geral*: diretor-geral, relatora-geral, ouvidor-geral;
2. postos e gradações da diplomacia: primeiro-secretário, segundo-secretário;
3. postos da hierarquia militar: tenente-coronel, capitão-tenente; Atenção: nomes compostos com elemento de ligação preposicionado ficam sem hífen: general de exército, general de brigada, tenente-brigadeiro do ar, capitão de mar e guerra;
4. cargos que denotam hierarquia dentro de uma empresa: diretor-presidente, diretor-adjunto, editor-chefe, editor-assistente, sócio-gerente, diretor-executivo;

5. cargos formados por numerais: primeiro-ministro, primeira-dama;
6. cargos formados com os prefixos *ex* ou *vice*: ex-diretor, vice-coordenador.

> O novo Acordo Ortográfico tornou opcional o uso de iniciais maiúsculas em palavras usadas reverencialmente, por exemplo, para cargos e títulos (exemplo: o *Presidente francês* ou o *presidente francês*).
>
> Em palavras com hífen, após se optar pelo uso da maiúscula ou da minúscula, deve-se manter a escolha para a grafia de todos os elementos hifenizados: pode-se escrever *Vice-Presidente* ou *vice-presidente*, mas não *Vice-presidente*.

■ Vocativo

O vocativo é uma invocação ao destinatário. Nas comunicações oficiais, ele será sempre seguido de vírgula.

Em comunicações dirigidas aos chefes de Poder, utiliza-se a expressão Senhor ou Senhora e o cargo respectivo, seguidos de vírgula.

Exemplos:

Excelentíssimo Senhor Presidente da República,

Excelentíssimo Senhor Presidente do Congresso Nacional,

Excelentíssimo Senhor Presidente do Supremo Tribunal Federal,

As demais autoridades também serão tratadas com o vocativo *Senhor*, seguidos do cargo respectivo:

Exemplos:

Senhor Senador,

Senhor Juiz,

Senhora Ministra,

Na hipótese de comunicação com particular, pode-se utilizar o vocativo Senhor ou Senhora e a forma usada pela instituição para referir-se ao interlocutor: beneficiário, usuário, contribuinte, eleitor etc.
Exemplos:

Senhora Beneficiária,

Senhor Contribuinte,

Ainda, quando o destinatário for um particular, no vocativo, pode-se utilizar Senhor ou Senhora seguido do nome do particular ou pode-se utilizar o vocativo *Prezado Senhor* ou *Prezada Senhora.*
Exemplos:

Senhora [Nome],

Prezado Senhor,

> Em comunicações oficiais, está abolido o uso de Digníssimo (DD) e de Ilustríssimo (Ilmo.). Evite o uso de *doutor* indiscriminadamente. O tratamento por meio de Senhor confere a formalidade desejada.

■ O PADRÃO OFÍCIO

Até a segunda edição do *Manual de redação da Presidência da República*, havia três tipos de expedientes que possuíam o mesmo formato, mas com finalidades diferentes: o ofício, o aviso e o memorando.

> A distinção básica anterior entre os três documentos de comunicação era:
> 1. aviso: era expedido exclusivamente por Ministros de Estado, para autoridades de mesma hierarquia;
> 2. ofício: era expedido para e pelas demais autoridades; e
> 3. memorando: era expedido entre unidades administrativas de um mesmo órgão.
>
> Na nova edição, ficou abolida essa distinção e passou-se a utilizar o termo *ofício* nas três hipóteses.

A extinção do memorando e do aviso foi uma das alterações mais significativas da terceira edição do *Manual de redação da Presidência da República*. Atualmente, recomenda-se apenas o uso de ofício para qualquer comunicação oficial.

A seguir, será apresentada a estrutura do padrão ofício, de acordo com a ordem com que cada elemento aparece no documento oficial.

■ Partes do documento no padrão ofício

■ CABEÇALHO

O cabeçalho é utilizado apenas na primeira página do documento, centralizado na área determinada pela formatação.

No cabeçalho deverão constar os seguintes elementos:

1. Brasão de Armas da República: no topo da página. Não há necessidade de ser aplicado em cores. O uso de marca da instituição deve ser evitado na correspondência oficial para não se sobrepor ao Brasão de Armas da República;
2. nome do órgão principal;
3. nomes dos órgãos secundários, quando necessários, da maior para a menor hierarquia, separados por barra (/); e
4. espaçamento: entrelinhas simples (1,0).

■ IDENTIFICAÇÃO DO EXPEDIENTE

Os documentos oficiais devem ser identificados da seguinte maneira:

1. nome do documento: tipo de expediente por extenso, com todas as letras maiúsculas;
2. indicação de numeração: abreviatura da palavra "número", padronizada como Nº;
3. informações do documento: número, ano (com quatro dígitos) e siglas usuais do setor que expede o documento, da menor para a maior hierarquia, separados por barra (/);
4. alinhamento: à margem esquerda da página.

Exemplo:

OFÍCIO Nº 652/2018/SAA/SE/MT

■ LOCAL E DATA DO DOCUMENTO

Na grafia de datas em um documento, o conteúdo deve constar da seguinte forma:

1. composição: local e data do documento;
2. informação de local: nome da cidade onde foi expedido o documento, seguido de vírgula. Não se deve utilizar a sigla da unidade da federação depois do nome da cidade;
3. dia do mês: em numeração ordinal se for o primeiro dia do mês e em numeração cardinal para os demais dias do mês. Não se deve utilizar zero à esquerda do número que indica o dia do mês;
4. nome do mês: deve ser escrito com inicial minúscula;
5. pontuação: coloca-se ponto-final depois da data; e
6. alinhamento: o texto da data deve ser alinhado à margem direita da página.

Exemplo:

Brasília, 2 de fevereiro de 2022.

■ ENDEREÇAMENTO

O endereçamento é a parte do documento que informa quem receberá o expediente. Nele deverão constar os seguintes elementos:

1. cargo do destinatário do expediente;
2. endereço: endereço postal de quem receberá o expediente, dividido em duas linhas:
   - primeira linha: informação de localidade/logradouro do destinatário ou, no caso de ofício ao mesmo órgão, informação do setor;
   - segunda linha: CEP e cidade/unidade da federação, separados por espaço simples. Na separação entre cidade e unidade da federação, pode ser substituída a barra pelo ponto ou pelo travessão. No caso de ofício ao mesmo órgão, não é obrigatória a informação do CEP, podendo ficar apenas a informação da cidade/unidade da federação; e
3. alinhamento: à margem esquerda da página.

Exemplos:

Ao Ministro de Estado da Justiça
Gestão de Pessoas Esplanada dos Ministérios Bloco T

À Diretora de SAUS Q. 3 Lote 5/6 Ed Sede I

70070-030 Brasília/ DF

70070-010 Brasília — DF

■ ASSUNTO

O assunto deve dar uma ideia geral do que trata o documento, de forma sucinta. Ele deve ser grafado da seguinte maneira:

1. título: a palavra *Assunto* deve anteceder a frase que define o conteúdo do documento, seguida de dois-pontos;

2. descrição do assunto: a frase que descreve o conteúdo do documento deve ser escrita com inicial maiúscula, não se deve utilizar verbos e sugere-se utilizar de quatro a cinco palavras;
3. destaque: todo o texto referente ao assunto, inclusive o título, deve ser destacado em negrito;
4. pontuação: coloca-se ponto-final depois do assunto; e
5. alinhamento: à margem esquerda da página.

Exemplos:

Assunto: Encaminhamento do Relatório de Gestão julho/2022.
Assunto: Aquisição de computadores.

■ TEXTO DO DOCUMENTO

O texto do documento oficial deve seguir a seguinte padronização de estrutura:

1. nos casos em que não seja usado para encaminhamento de documentos, o expediente deve conter a seguinte estrutura:
   - introdução: em que é apresentado o objetivo da comunicação. Evite o uso das formas: *tenho a honra de, tenho o prazer de, cumpre-me informar que.* Prefira empregar a forma direta: *informo, solicito, comunico*;
   - desenvolvimento: em que o assunto é detalhado; se o texto contiver mais de uma ideia sobre o assunto, elas devem ser tratadas em parágrafos distintos, o que confere maior clareza à exposição; e
   - conclusão: em que é afirmada a posição sobre o assunto.
2. quando for usado para encaminhamento de documentos, a estrutura é modificada:
   - introdução: deve iniciar com referência ao expediente que solicitou o encaminhamento. Se a remessa do documento não tiver sido solicitada, deve iniciar com a informação do motivo da comunicação, que é encaminhar, indicando na

sequência os dados completos do documento encaminhado (tipo, data, origem ou signatário e assunto de que se trata) e a razão pela qual está sendo encaminhado.

Exemplos:

Em resposta ao Aviso n. 12, de 10 de fevereiro de 2019, encaminho cópia do Ofício n. 34, de 3 de abril de 2019, da Coordenação-Geral de Gestão de Pessoas, que trata da requisição do servidor Fulano de Tal.

Encaminho, para exame e pronunciamento, cópia do Ofício n. 12, de 10 de fevereiro de 2022, do Presidente da Confederação Nacional da Indústria, a respeito de projeto de modernização de técnicas agrícolas na região Nordeste.

- desenvolvimento: se o autor da comunicação desejar fazer algum comentário a respeito do documento que encaminha, poderá acrescentar parágrafos de desenvolvimento. Caso contrário, não há parágrafos de desenvolvimento em expediente usado para encaminhamento de documentos.

3. tanto na estrutura 1 quanto na estrutura 2, o texto do documento deve ser formatado da seguinte maneira:
   - alinhamento: justificado;
   - espaçamento entre linhas: simples;
   - parágrafos:
     i. espaçamento entre parágrafos: de 6 pontos após cada parágrafo;
     ii. recuo de parágrafo: 2,5 cm de distância da margem esquerda;
     iii. numeração dos parágrafos: apenas quando o documento tiver **três** ou mais parágrafos, desde o primeiro parágrafo. Não se numeram o vocativo e o fecho;

4. fonte: Calibri ou Carlito;
   - corpo do texto: tamanho 12 pontos;
   - citações recuadas: tamanho 11 pontos; e
   - notas de rodapé: tamanho 10 pontos;

5. símbolos: para símbolos não existentes nas fontes indicadas, pode-se utilizar as fontes Symbol e Wingdings.

■ FECHOS PARA COMUNICAÇÕES

O fecho das comunicações oficiais objetiva, além da finalidade óbvia de arrematar o texto, saudar o destinatário. Os modelos para fecho anteriormente utilizados foram regulados pela Portaria n. 1, de 1937, do Ministério da Justiça, que estabelecia 15 padrões.

Com o objetivo de simplificá-los e uniformizá-los, este livro estabelece o emprego de somente dois fechos diferentes para todas as modalidades de comunicação oficial:

1. Para autoridades de hierarquia superior a do remetente, inclusive o Presidente da República:

Respeitosamente,

2. Para autoridades de mesma hierarquia, de hierarquia inferior ou demais casos:

Atenciosamente,

Ficam excluídas dessa fórmula as comunicações dirigidas a autoridades estrangeiras, que atendem a rito e tradição próprios.

O fecho da comunicação deve ser formatado da seguinte maneira:

1. alinhamento: alinhado à margem esquerda da página;
2. recuo de parágrafo: 2,5 cm de distância da margem esquerda;
3. espaçamento entre linhas: simples;
4. espaçamento entre parágrafos: de 6 pontos após cada parágrafo; e
5. não deve ser numerado.

■ IDENTIFICAÇÃO DO SIGNATÁRIO

Excluídas as comunicações assinadas pelo Presidente da República, todas as demais comunicações oficiais devem informar o signatário segundo o padrão:

1. nome: nome da autoridade que as expede, grafado em letras maiúsculas, sem negrito. Não se usa linha acima do nome do signatário;
2. cargo: cargo da autoridade que expede o documento, redigido apenas com as iniciais maiúsculas. As preposições que liguem as palavras do cargo devem ser grafadas em minúsculas; e
3. alinhamento: a identificação do signatário deve ser centralizada na página.

Exemplo:

(espaço para assinatura)
NOME
Ministro de Estado Chefe da Casa Civil da Presidência da República

■ NUMERAÇÃO DAS PÁGINAS

A numeração das páginas é obrigatória apenas a partir da segunda página da comunicação

Ela deve ser centralizada na página e obedecer à seguinte formatação:

1. posição: no rodapé do documento, dentro da área de 2 cm da margem inferior; e
2. fonte: Calibri ou Carlito.

■ FORMATAÇÃO E APRESENTAÇÃO

Os documentos do padrão ofício devem obedecer à seguinte formatação:

1. tamanho do papel: A4 (29,7 cm x 21,0 cm);
2. margem lateral esquerda: no mínimo 3 cm de largura;
3. margem lateral direita: 1,5 cm;
4. margens superior e inferior: 2 cm;
5. área de cabeçalho: na primeira página, 5 cm a partir da borda superior do papel;
6. área de rodapé: nos 2 cm da margem inferior do documento;
7. impressão: na correspondência oficial, a impressão pode ocorrer em ambas as faces do papel. Nesse caso, as margens esquerda e direita terão as distâncias invertidas nas páginas pares (margem espelho);
8. cores: os textos devem ser impressos na cor preta em papel branco, reservando-se, se necessário, a impressão colorida para gráficos e ilustrações;
9. destaques: para destaques deve-se utilizar, sem abuso, o negrito. Deve-se evitar destaques com uso de itálico, sublinhado, letras maiúsculas, sombreado, sombra, relevo, bordas ou qualquer outra forma de formatação que afete a sobriedade e a padronização do documento;
10. palavras estrangeiras: devem ser grafadas em itálico;
11. arquivamento: dentro do possível, todos os documentos elaborados devem ter o arquivo de texto preservado para consulta posterior ou aproveitamento de trechos para casos análogos. Deve ser utilizado, preferencialmente, formato de arquivo que possa ser lido e editado pela maioria dos editores de texto utilizados no serviço público, tais como DOCX, ODT ou RTF.
12. nome do arquivo: para facilitar a localização, os nomes dos arquivos devem ser formados da seguinte maneira:

tipo do documento + número do documento + ano do documento (com 4 dígitos) + Palavras-chave do conteúdo.

AS COMUNICAÇÕES OFICIAIS

Figura 1 – Modelo de Ofício do *Manual de redação da Presidência da República*

2 cm

Presidência da República
Casa Civil
Subchefia para Assuntos Jurídicos

OFÍCIO Nº 197/2018/SAJ/CC
Brasília, 8 de agosto de 2018.
Ao Senhor
[Nome]
Chefe de Gabinete do Ministério dos Transportes
Esplanada dos Ministérios, Bloco R
70044-902 Brasília/DF

Assunto: Apresentação de novas funcionalidades do Sidof – Módulo I.

Senhor Chefe de Gabinete,
2, 5 cm
1 ⟵⟶ A Subchefia para Assuntos Jurídicos da Casa Civil da Presidência da República aprimorou o Sistema de Geração e Tramitação de Documentos Oficiais (Sidof), com a inserção de novas funcionalidades. Os novos recursos do sistema serão apresentados aos servidores em módulos organizados por esta Subchefia.

2   Convido os servidores do [nome do Ministério] para assistir à apresentação do primeiro módulo, a ser realizada em 10 de setembro de 2018, às 9h30, no Auditório desta Subchefia.

3   Para assegurar o credenciamento, solicito a esse órgão a indicação dos servidores que trabalham com o Sidof, até 28 de agosto de 2018, por meio do endereço eletrônico [endereço eletrônico].

Atenciosamente,

(espaço para assinatura)

[NOME DO SIGNATÁRIO]
[Cargo do Signatário]

1,5 cm ↕

■ DECRETO N. 9.758, DE 11 DE ABRIL DE 2019: MUDANÇAS NA FORMA DE TRATAMENTO E DE ENDEREÇAMENTO NAS COMUNICAÇÕES OFICIAIS DO PODER EXECUTIVO FEDERAL

Quatro meses após a publicação da terceira edição do *Manual de redação da Presidência da República*, em 11 de abril de 2019, foi assinado o Decreto n. 9.758, que dispôs sobre a forma de tratamento e endereçamento nas comunicações com agentes públicos da Administração Pública Federal.

> O Decreto propôs mudança impactante que, mais do que modificar o emprego dos pronomes de tratamento, indica alterar a cultura da administração pública.

Na época da administração pública patrimonialista, existiam práticas corriqueiras de reverências exacerbadas às autoridades. Antigamente, por exemplo, havia elevador privativo e outras mordomias para distinguir determinados cargos na gestão pública. Vivencia-se, neste momento, uma tentativa de mudança na cultura já cristalizada no Serviço Público desde o Brasil Império.

Art. 1º Este Decreto dispõe sobre a forma de tratamento empregada na comunicação, oral ou escrita, com agentes públicos da administração pública federal direta e indireta, e sobre a forma de endereçamento de comunicações escritas a eles dirigidas.

§ 1º O disposto neste Decreto aplica-se às cerimônias das quais o agente público federal participe.

§ 2º Aplica-se o disposto neste Decreto:
I - aos servidores públicos ocupantes de cargo efetivo;

II - aos militares das Forças Armadas ou das forças auxiliares;
III - aos empregados públicos;
IV - ao pessoal temporário;
V - aos empregados, aos conselheiros, aos diretores e aos presidentes de empresas públicas e sociedades de economia mista;
VI - aos empregados terceirizados que exercem atividades diretamente para os entes da administração pública federal;
VII - aos ocupantes de cargos em comissão e de funções de confiança;
VIII - às autoridades públicas de qualquer nível hierárquico, incluídos os Ministros de Estado; e
IX - ao Vice-Presidente e ao Presidente da República.

3º Este Decreto não se aplica:
I - às comunicações entre agentes públicos federais e autoridades estrangeiras ou de organismos internacionais; e
II - às comunicações entre agentes públicos da administração pública federal e agentes públicos do Poder Judiciário, do Poder Legislativo, do Tribunal de Contas, da Defensoria Pública, do Ministério Público ou de outros entes federativos, na hipótese de exigência de tratamento especial pela outra parte, com base em norma aplicável ao órgão, à entidade ou aos ocupantes dos cargos.

Art. 2º O único pronome de tratamento utilizado na comunicação com agentes públicos federais é *senhor*, independentemente do nível hierárquico, da natureza do cargo ou da função ou da ocasião.
Parágrafo único. O pronome de tratamento é flexionado para o feminino e para o plural.

Art. 3º É vedado na comunicação com agentes públicos federais o uso das formas de tratamento, ainda que abreviadas:
I - Vossa Excelência ou Excelentíssimo;
II - Vossa Senhoria;
III - Vossa Magnificência;
IV - doutor;

V - ilustre ou ilustríssimo;
VI - digno ou digníssimo; e
VII - respeitável.

§ 1º O agente público federal que exigir o uso dos pronomes de tratamento de que trata o caput, mediante invocação de normas especiais referentes ao cargo ou carreira, deverá tratar o interlocutor do mesmo modo.

§ 2º É vedado negar a realização de ato administrativo ou admoestar o interlocutor nos autos do expediente caso haja erro na forma de tratamento empregada.

A maioria dos verbos utilizados nas comunicações oficiais são transitivos direto e indireto, por exemplo, informa-se algo a alguém. No entanto, a omissão do pronome de tratamento não compromete a correção textual e a clareza do texto. Caso o redator opte por preencher os dois complementos do verbo, poderá substituir pelo pronome oblíquo *lhe*.

Exemplo:

Informo a Vossa Excelência que o Projeto foi aprovado.

Informo-lhe que o Projeto foi aprovado.

Informo que o Projeto foi aprovado. (mais indicado)

As propostas de modernização textual que contribuem para a simplificação favorecem a evolução da redação oficial.

Deve-se ressaltar que, nas formas modernas de tramitação digital de documentos, torna-se obsoleto o uso de envelope. Consequentemente, torna-se dispensável o endereçamento. Além disso, é desnecessário o uso repetido de endereçamento e vocativo.

■ TENDÊNCIA À SIMPLIFICAÇÃO

> Considerando a independência entre os Poderes da República, o Decreto n. 9.758, de 11 de abril de 2019, se aplica ao Poder Executivo Federal, entretanto, como foi mencionado anteriormente, pela tendência à simplificação, acreditamos que os Poderes Legislativo e Judiciário poderão também assimilar a mudança na utilização dos pronomes de tratamento.

■ O SEI

O SEI é uma ferramenta de gestão de documentos e processos eletrônicos que permite a produção, edição, assinatura e trâmite de documentos e processos dentro do próprio sistema. Ele foi oficializado pelo Decreto n. 8.539, de 8 de outubro de 2015, que dispõe sobre o uso do meio eletrônico para a realização do processo administrativo no âmbito dos órgãos e das entidades da administração pública federal direta, autárquica e fundacional.

São alguns benefícios do SEI:

- possibilitar a atuação simultânea de diversas unidades em um mesmo processo, ainda que distantes fisicamente;
- reduzir o tempo de realização das atividades;
- dar mais agilidade aos processos;
- promover a adequação entre meios, ações, impactos e resultados;
- proporcionar mais eficácia e efetividade da ação governamental.

Alguns desafios do SEI:

Quem ainda não conhece ou ainda está conhecendo o SEI pode considerar que existam alguns desafios em seu uso, tais como:

- conhecer o sistema;
- decidir qual documento utilizar;

- identificar para onde enviar o documento;
- saber quem tem autoridade para assinar o documento;
- não haver comunicação entre os sistemas eletrônicos.

No entanto, tais desafios podem ser facilmente superáveis.

Quanto à dificuldade de conhecer o sistema, há diversos cursos e tutoriais gratuitos que ensinam a utilizar o SEI. Sugerimos acessar o site da Escola Nacional de Administração Pública (Enap).

Em relação a definir qual documento utilizar em cada situação, trata-se de um conhecimento externo ao SEI, que, independentemente do sistema, demandaria do servidor tal informação.

Identificar para onde enviar o documento também é um conhecimento externo ao SEI, que exigirá que o redator conheça o organograma da instituição e o fluxo dos processos.

Saber quem tem autoridade para assinar o documento também é um conhecimento externo ao SEI.

Quanto a não haver comunicação entre os sistemas eletrônicos, pode-se elaborar um documento e enviar via e-mail, pelo próprio SEI.

> O SEI, utilizado na administração pública federal, tem trazido contribuições, porque permite aprimorar a gestão documental e facilitar o acesso de servidores e cidadãos às informações institucionais, propiciando celeridade, segurança e economicidade.

Correio eletrônico (e-mail)

A tecnologia da informação transformou as antigas relações presenciais em contatos em tempo real com qualquer pessoa situada em qualquer ponto do globo. O uso do e-mail, como meio de interação, é uma das mais representativas mudanças de hábitos de comunicação do século XXI. Essa mudança de comportamento exige a adoção de novas práticas e ferramentas.

■ DEFINIÇÃO E FINALIDADE

A utilização do e-mail para a comunicação tornou-se prática comum. Esse termo pode ser empregado com três sentidos. Dependendo do contexto, pode significar gênero textual, endereço eletrônico ou sistema de transmissão de mensagem eletrônica.

Como gênero textual, o e-mail pode ser considerado um documento oficial, assim como o ofício. Portanto, deve-se evitar o uso de linguagem incompatível com uma comunicação oficial.

Como endereço eletrônico utilizado pelos servidores públicos, o e-mail deve ser oficial, adotando-se a extensão *.gov.br*, por exemplo.

Como sistema de transmissão de mensagens eletrônicas, por seu baixo custo e celeridade, transformou-se na principal forma de envio e recebimento de documentos na administração pública.

Benefícios do e-mail:

1. É possível entrar em contato com qualquer pessoa.
2. Permite compor mensagens em qualquer tempo e condição.
3. Fuso horário não é problema.
4. Muitas vezes, substitui o telefonema.
5. Pode ser gravado e sofrer buscas.
6. Permite anexar e incluir informações.

Desvantagens do e-mail:

1. Você pode entrar em contato com todo mundo, mas qualquer um também pode entrar em contato com você.

2. Facilidade estimula trocas desnecessárias.
3. Desafia fusos horários, mas diminui a produtividade.
4. Substitui o telefonema, mas nem todo telefonema pode ser substituído.
5. Pode ser gravado, mas pode fazer você ser responsabilizado por ele: deixa rastros.
6. Pode ser alterado.
7. E-mails com anexo podem vir com mais do que se deseja (vírus, excesso que estoura a caixa de entrada).

■ FORMA E ESTRUTURA

Um dos atrativos de comunicação por correio eletrônico é sua flexibilidade. Assim, não interessa definir padronização da mensagem comunicada. No entanto, devem-se observar algumas orientações quanto à sua estrutura.

■ Campo *para* e campo *com cópia*

O campo *para* deve ser preenchido com o e-mail a quem a mensagem se destina e o campo *com cópia*, com outros interessados no assunto, para conhecimento.

É importante preencher adequadamente cada campo, porque o erro pode levar às seguintes situações: se o superior hierárquico preencher o campo *para* com vários destinatários, pode ser que ninguém da equipe realize a ação solicitada, acreditando que outra pessoa o fará. Ou, ao contrário, mais de um servidor poderá se ocupar de determinada tarefa, desnecessariamente, por julgar que a referida mensagem havia sido destinada a ele. Nesse caso, o uso mais adequado seria preencher o campo *para* com o endereço da pessoa responsável pelo assunto, e o campo *com cópia*, com o e-mail de outras pessoas da equipe relacionadas ao assunto, para conhecimento.

■ A ORDEM DE E-MAILS NO CAMPO *PARA* E NO CAMPO *COM CÓPIA*

Muita gente se importa com hierarquia. Certifique-se de que você está colocando os nomes no campo *para* na ordem apropriada (em geral, de acordo com a posição hierárquica), da maior para a menor hierarquia. Exemplo: *ministro, secretário-executivo, diretor, coordenador.*

Em caso de não haver hierarquia, você poderá priorizar por relevância em relação à tarefa em questão. Se houver dúvida, a ordem alfabética do nome dos destinatários é a escolha mais segura.

■ RESPONDER OU RESPONDER A TODOS?

Ninguém gosta de ser excluído, mas não é necessário incluir todas as pessoas em todas as comunicações via e-mails. Tenha sempre o cuidado de verificar se o conteúdo da mensagem é do interesse de apenas um interlocutor ou de todos interlocutores relacionados com aquele assunto.

■ Campo *cco, com cópia oculta*

Em geral, o campo *com cópia oculta* não deve ser usado para comunicações dentro da instituição, porque a intenção é falar com uma pessoa sem que ela saiba que outra está acompanhando tal comunicação.

O campo *cco* pode ser importante quando o e-mail é destinado a pessoas de fora de instituição. Digamos, por exemplo, para manter o chefe a par de negociações com outra empresa.

Pode ser útil também quando há muitos destinatários de uma comunicação, por exemplo, no caso de um e-mail enviado pela autoridade máxima da instituição a todos os servidores. Nesse caso, não há necessidade de todos terem acesso aos nomes relacionados no campo *para*. Caso isso ocorresse, a lista de e-mails poderia ser enorme e o campo ficar muito extenso. Além disso, o campo *com cópia oculta* evitaria que as pessoas respondessem para todos, o que geraria diversas comunicações desnecessárias.

▪ Assunto

O assunto deve ser o mais claro e específico possível, relacionado ao conteúdo global da mensagem. Assim, quem irá receber a mensagem identificará rapidamente do que se trata; quem a envia poderá, posteriormente, localizar a mensagem na caixa do correio eletrônico.

Deve-se assegurar que o assunto reflita claramente o conteúdo completo da mensagem para que não pareça, ao receptor, que se trata de mensagem não solicitada/lixo eletrônico. Em vez de *Reunião*, um assunto mais preciso seria *Agendamento de reunião sobre a Reforma da Previdência*.

▪ Local e data

São desnecessários no corpo da mensagem, uma vez que o próprio sistema apresenta essa informação.

▪ Saudação inicial/vocativo

O texto dos correios eletrônicos deve ser iniciado por uma saudação. Quando endereçado para outras instituições, para receptores desconhecidos ou para particulares, deve-se utilizar o vocativo conforme os demais documentos oficiais, ou seja, *Senhor* ou *Senhora*, seguido do cargo respectivo, ou *Prezado Senhor, Prezada Senhora*.

Exemplos:

Senhor Coordenador,

Prezada Senhora,

▪ Fecho

Atenciosamente é o fecho padrão em comunicações oficiais. Com o e-mail, popularizou-se o uso de abreviações como *att.*, e de outros fechos, como *abraços, saudações*, que, apesar de amplamente usados, não são fechos oficiais e, portanto, não devem ser utilizados em e-mails profissionais.

O correio eletrônico, em algumas situações, aceita uma saudação inicial e um fecho menos formais. No entanto, a linguagem do texto dos correios eletrônicos deve ser formal, como a que se usaria em qualquer outro documento oficial.

■ BLOCO DE ASSINATURA

Sugere-se que as instituições adotem um padrão de assinatura para os e-mails. A assinatura do e-mail deve conter o nome completo, o cargo, a unidade, o órgão e o telefone do remetente.
Exemplo:

Maria da Silva
Assessora
Subchefia para Assuntos Jurídicos da Casa Civil
(61)XXXX-XXXX

Além disso, o bloco de assinatura pode apresentar também o Brasão de Armas da República ou a logomarca da instituição, o endereço eletrônico da área ou do órgão e uma frase de campanha oficial da instituição.

Atenção: não se devem utilizar frases, imagens ou campanhas específicas de governo, nem textos personalizados, como salmos bíblicos, trechos de música, frases de efeito ou campanhas pessoais. O e-mail, tal como outros documentos oficiais, deve prezar pela impessoalidade.

■ Anexos

A possibilidade de anexar documentos, planilhas e imagens de diversos formatos é uma das vantagens do e-mail. A mensagem com algum arquivo deve trazer informações mínimas sobre o conteúdo do anexo.

Antes de enviar um anexo, é preciso avaliar se ele é realmente indispensável e se seria possível colocá-lo no corpo do correio eletrônico.

Deve-se evitar o tamanho excessivo e o reencaminhamento de anexos nas mensagens de resposta.

Os arquivos anexados devem estar em formatos usuais e que apresentem poucos riscos de segurança. Quando se tratar de documento ainda em discussão, os arquivos devem, necessariamente, ser enviados em formato que possa ser editado.

■ RECOMENDAÇÕES GERAIS

- Sempre que necessário, deve-se utilizar recurso de confirmação de leitura. Caso não esteja disponível, deve constar da mensagem pedido de confirmação de recebimento;
- apesar da imensa lista de fontes disponíveis nos computadores, mantém-se a recomendação de tipo de fonte, tamanho e cor dos documentos oficiais: Calibri ou Carlito, tamanho 12, cor preta;
- a mensagem do correio eletrônico deve ser revisada com o mesmo cuidado com que se revisam outros documentos oficiais;
- o texto profissional dispensa manifestações emocionais. Por isso, ícones e *emoticons* não devem ser utilizados;
- os textos das mensagens eletrônicas profissionais não podem ser redigidos com abreviações como *vc, pq*, usuais nas conversas na internet, ou neologismos, como *naum, eh, aki*;
- não se deve utilizar texto em caixa alta para destaques de palavras ou trechos da mensagem, pois denota agressividade de parte do emissor da comunicação;
- evitar o uso de imagens no corpo do e-mail, inclusive das Armas da República Federativa do Brasil e de logotipos do ente público junto ao texto da assinatura;
- não devem ser remetidas mensagens com tamanho total que possa exceder a capacidade do servidor do destinatário;
- deve-se tomar cuidado com a lista de endereços constantes do correio eletrônico, para que uma informação sigilosa não chegue a destinatário que nada tenha a ver com o assunto nem com a instituição;

- não criar, no campo destinado à redação de mensagem, ofícios, relatórios ou outros textos, os quais devem ser enviados em arquivo anexo;
- as mensagens devem ser curtas e objetivas, segundo as normas dos textos oficiais. Caso a informação seja longa, enviá-la em arquivo anexo (É fundamental fazer distinção entre mensagem profissional e particular.);
- certificar-se de que os anexos são pertinentes à mensagem e de que estão, na verdade, sendo remetidos;
- utilizar a mensagem eletrônica tão só no interesse da instituição, lembrando-se de que há restrições ao uso particular;
- não divulgar informações sigilosas;
- não armazenar mensagens de conteúdo obsceno, ilegal, antiético, preconceituoso ou discriminatório; vírus e outros programas danosos; material que fira as leis de propriedade intelectual; material de natureza político-partidária ou sindical; material de conteúdo ofensivo; *correntes*; músicas; vídeos alheios ao interesse institucional;
- é obrigatória a identificação do autor das mensagens remetidas pelas caixas corporativas, ao qual serão imputadas as mesmas responsabilidades que lhe cabem como usuário da caixa individual.

Documentos técnicos

Os documentos técnicos têm como objetivo apresentar/relatar/discutir informações, situações, fatos, eventos, atividades executadas, para subsidiar tomadas de decisões.

PRINCIPAIS DOCUMENTOS TÉCNICOS

Relatório

1. Narração ou descrição ordenada e mais ou menos minuciosa daquilo que se viu, ouviu ou observou.
2. Exposição dos principais fatos colhidos por comissão ou pessoa encarregada de estudar determinado assunto.
3. Narração expositiva dirigida a um superior hierárquico sobre um fato, evento ou atividade executada, com descrição dos seus principais aspectos, relativa a situações de serviço, a resultados de exames, eventos, cursos, projetos, programas etc.
4. O *Manual de redação da Câmara dos Deputados* (Brasil, 2004: 293) define-o como "relato expositivo, detalhado ou não, do funcionamento de uma instituição, do exercício de atividades ou acerca do desenvolvimento de serviços específicos num determinado período".

Parecer

1. Opinião fundamentada sobre determinado assunto, emitida por especialista.
2. Expediente que um servidor ou órgão administrativo apresenta a pedido de outrem para esclarecimento de dúvida. Portanto, se constitui de análise e competente pronunciamento sobre algum assunto de que o parecerista seja especialista, visando ao fornecimento de subsídios para tomada de decisão. A parte analítica do texto pode ser organizada em itens de acordo com a necessidade do parecerista a fim de lhe impor clareza e didatismo (Brasil, 2004: 175).

■ Nota técnica

1. Resultado de um levantamento de informações que serve de orientação técnica e de instrução às deliberações.
2. Expediente expositivo-analítico que apresenta e analisa algum fato ou informação de caráter técnico, administrativo ou financeiro, visando ao fornecimento de orientações, instruções ou subsídios para tomada de decisão.

■ Nota informativa

Documento solicitado ao setor competente para que apresente *informações* sobre caso concreto ou legislação que regula matéria objeto de análise.

A nota informativa é um expediente semelhante à nota técnica, utilizado para informar ou esclarecer; não possui um caráter tão argumentativo e técnico quanto à nota técnica.

■ Despacho

Decisão ou encaminhamento emanados de autoridade administrativa ou servidor acerca de assunto submetido a sua apreciação.

1. Despacho decisório: decisão, informação ou encaminhamento de autoridade administrativa ou servidor acerca de assunto submetido a sua apreciação.
2. Despacho interlocutório: aquele que dá andamento ao documento ou transfere à autoridade hierarquicamente superior ou a outra unidade administrativa a questão posta.

■ CLASSIFICAÇÃO DOS DOCUMENTOS TÉCNICOS

1. Informativo: aborda um problema ou situação e oferece informações.
2. Reativo ou proativo: aborda um problema ou uma situação, examina as questões e oferece uma solução ou uma sugestão, dizendo *o que* fazer.
3. Conclusivo: aborda um problema ou situação e oferece conclusões.

Todos os documentos técnicos são necessariamente informativos, pois apresentam informações, mas eles podem também oferecer sugestões, que ficarão a cargo do superior hierárquico decidir se as acolherá ou não. Tais documentos serão classificados como reativos ou proativos. Como o próprio nome sugere, o documento *reage* a uma demanda ou age proativamente, apresentando soluções ou sugestões para tais situações.

O documento técnico pode ser somente informativo e conclusivo quando, após examinar a situação, chega a uma conclusão a respeito do tema em análise.

Além disso, eles podem ser, ao mesmo tempo, informativos, reativos e conclusivos, quando oferecem informações, sugestões ou soluções e conclusões.

■ ORGANIZAÇÃO MACROTEXTUAL DOS DOCUMENTOS TÉCNICOS

Os documentos técnicos devem ter a seguinte estrutura básica:

1. Abertura: informa por que foi escrito, explica a finalidade do documento e quem solicitou.
2. Desenvolvimento: traz o desenvolvimento das ideias.
3. Fechamento: é a consequência lógica das ideias.

ORGANIZAÇÃO DAS IDEIAS NOS DOCUMENTOS TÉCNICOS

Os documentos técnicos podem ser organizados por ordem de importância, sequencial ou cronológica. Observe algumas sugestões para melhor organizá-los:

Ordem de importância

1. Liste todas as ideias.
2. Decida a importância relativa de cada uma.
3. Disponha as ideias no texto, da mais importante para a menos importante.

Sequencial

1. Divida o assunto em *passos*.
2. Descreva cada *passo* (o que acontece, o que o leitor deve fazer).

Cronológica

1. Divida o assunto em acontecimentos, na sequência em que se sucederam.
2. Descreva o que aconteceu em cada um.
3. Explique claramente os problemas ou fatos especiais surgidos em cada acontecimento.

PARTES DOS DOCUMENTOS TÉCNICOS

Cabeçalho

Pode-se seguir o modelo de ofício, utilizando-se o Brasão de Armas da República ou a logomarca da instituição, além da identificação do órgão, departamento e setor que o expede, além de endereço, telefone, fax e e-mail, ou apenas identificar o documento (ver regras a seguir).

■ Identificação do documento (epígrafe)

Pode-se identificar o documento, como no ofício (número, ano, setor e instituição que emite).

Exemplos:

Parecer n. 30/2022/SG-PR
Nota Técnica n. 2/2022/CGRH/DGRH-Ibama

Ou adotar um título, com identificação do tipo de documento, geralmente centralizado, com iniciais maiúsculas em negrito ou todo em caixa alta.

Exemplos:

Relatório Anual de Gestão/2022
NOTA TÉCNICA PARA ELABORAÇÃO DE SEMINÁRIO DE GESTÃO PÚBLICA

Parecer de Auditoria
RELATÓRIO ANALÍTICO E PARECER PRÉVIO SOBRE AS CONTAS DO GOVERNO DO DISTRITO FEDERAL

■ Data

Nos documentos técnicos, o mais comum é a data seguir o padrão ofício e ser registrada no início, abaixo da identificação do documento. No entanto, no parecer, normalmente, a data é registrada ao final, seguida da assinatura do parecerista.

■ Assunto ou ementa

Os documentos técnicos devem conter assunto, para identificar do que trata o texto. Porém, o parecer, em geral, em vez de assunto, tem ementa.

O assunto e a ementa devem iniciar por um substantivo e não por um verbo.

O assunto deve conter até cinco palavras, exceto se houver um nome de curso, projeto, norma etc., que permitirá que o assunto seja mais longo.

Exemplos de assunto:

Correto: *Solicitação de férias.*

Incorreto (uso de verbo): *Solicitar férias.*

Correto: *Necessidade de aquisição de novos computadores.*

Incorreto (muito longo): *Necessidade de aquisição de novos computadores para o setor de Recursos Humanos do Ministério de Minas e Energia.*

A ementa deve dar uma ideia geral do que trata o documento. Se bem elaborada, facilita para o emissor localizar um documento; e, para o receptor, saber o tema do documento antes mesmo de lê-lo.

Ementa é uma síntese geral do parecer, identificando seus principais aspectos. Pode trazer a conclusão do parecerista. Geralmente é expressa por frases curtas. Pode-se escrever a palavra *ementa* ou não. Recomenda-se alinhar à direita, 9 cm.

Exemplos:

Ementa: Aposentadoria especial. Magistério. Proventos integrais. Tempo de serviço fora de sala de aula. Parcela irregular. Insuficiência do requisito temporal exigido para a modalidade em espécie. Ilegalidade.

Tomada/prestação de contas anual. Contas julgadas regulares com ressalva. Quitação aos responsáveis. Recomendação de providências corretivas.

Análise de notas de empenho e de balancetes trimestrais dos órgãos da Administração Direta do Governo Federal. Aprovação.

■ Destinatário e vocativo

Em geral, os documentos técnicos não têm destinatário nem vocativo, uma vez que não há comunicação direta entre os interlocutores.

Como de costume, esses documentos compõem um processo e, caso seja necessário enviá-lo para alguém, isso deve ser feito por ofício.

O relatório pode seguir o padrão dos documentos técnicos em geral, e não ter nem destinatário nem vocativo. Mas também pode seguir o padrão de ofício e ser endereçado a quem solicitou.

■ Numeração dos parágrafos e tópicos

Geralmente, numeram-se os parágrafos apenas de documentos mais curtos, de até, aproximadamente, cinco, dez páginas.

O uso de tópicos é interessante nos documentos técnicos, principalmente se estes forem mais longos, pois facilitam a organização dos assuntos no texto e a leitura específica dos temas que o receptor busca.

Pode-se ainda adotar o uso de tópicos e a numeração de parágrafos. Entretanto, deve-se buscar uma ordenação diferente, adotando-se, por exemplo, algarismos romanos ou letras, para os tópicos, e algarismos arábicos, para os parágrafos, a fim de que não haja confusão.

■ Fecho

Se o redator utilizar destinatário ou vocativo, deve adotar também o uso do fecho; caso contrário, este não deve ser utilizado.

■ Gráficos, tabelas, quadros e figuras

O uso de gráficos, tabelas, quadros e figuras é bastante recomendado em documentos técnicos como relatórios, pareceres e notas técnicas, porque eles facilitam a leitura das informações. Observe o padrão recomendado pela ABNT (no tópico a seguir).

■ Elementos que podem compor a estrutura dos documentos técnicos

Os elementos pré-textuais (capa, folha de rosto, equipe técnica, sumário, listas e resumo), textuais e pós-textuais (anexo, glossário, referências bibliográficas e índice) que podem compor a estrutura de documentos técnicos seguem a ordem descrita.

Geralmente, apenas os relatórios mais extensos têm os elementos seguintes.

■ ELEMENTOS PRÉ-TEXTUAIS

1. Capa: é a cobertura externa de papel, cartolina, couro ou outro material, abrangendo os cadernos que constituem o relatório. Ela deve conter os seguintes elementos:
   - nome da organização responsável, com subordinação até o nível de autoria;
   - título;
   - subtítulo, se houver;
   - classificação de segurança, quando necessário;
   - número de volumes;
   - local;
   - ano de publicação, em algarismos arábicos.
2. Lombada (ou dorso): é a parte pela qual as folhas são costuradas. Relatórios impressos devem conter o nome da organização responsável e/ou o autor e o título do relatório. No caso de lombadas finas, o título e o nome do autor devem ser grafados verticalmente, de cima para baixo. Deve também conter o número do volume, caso tenha mais de um.
3. Folha de rosto: destina-se a apresentar, de forma sucinta, os dados relativos à identificação do trabalho realizado; é a fonte principal de identificação do relatório. Em relatórios pouco extensos, a folha de rosto pode ser usada como capa. Deve conter os seguintes elementos:

- nome da organização responsável, com subordinação até o nível de autoria;
- título;
- subtítulo, se houver;
- número de volumes;
- local;
- ano de publicação, com algarismos arábicos.

4. Errata: listagem de itens com erros de grafia ou outros, indicando a sua localização e a forma correta no texto.
5. Resumo: é apresentação concisa e seletiva, que ressalta o objetivo, a metodologia utilizada, os itens observados, as conclusões e as propostas de encaminhamento mais importantes.
6. Lista de ilustrações: relação sequencial das ilustrações apresentadas no texto com cada item designado por seu respectivo nome e número específico, acompanhado de número de página.

    Quando necessário, utiliza-se lista própria para cada tipo de ilustração (figuras, quadros, gráficos, mapas, plantas, fluxogramas, organogramas e outros).
7. Lista de tabelas: relação sequencial das tabelas apresentadas no texto, com cada item designado por seu nome e número específico acompanhado de número de página.
8. Lista de abreviaturas e siglas: relação das abreviaturas e siglas utilizadas no texto apresentadas em ordem alfabética e seguidas das palavras ou expressões correspondentes. Recomenda-se lista própria para cada tipo.
9. Lista de símbolos: relação dos símbolos, na ordem em que aparecem no texto, seguidos do respectivo significado.
10. Sumário: exposição enumerada das principais divisões, seções e partes do trabalho, feita na mesma ordem e forma em que aparecem no texto, com indicação de paginação. Em caso de o relatório/parecer/nota técnica ser constituído de mais um volume, em cada um deve constar o sumário completo. Os elementos pré-textuais não devem aparecer no sumário (ver NBR 6024/2012 da ABNT).

- **Forma de apresentação dos elementos pré-textuais:**

1. os elementos pré-textuais como resumos, listas de ilustrações, listas de tabelas entre outros não devem constar no sumário;
2. não se utiliza nenhum tipo de sinal (ponto, hífen, travessão) entre os números indicativos de seção e seus títulos, nem após os títulos;
3. a palavra *sumário* é centralizada na folha e apresentada com os mesmos recursos tipográficos utilizados para as seções primárias (fonte, destaque, caixa alta e outros);
4. os indicativos das seções primárias e de suas subdivisões, bem como seus títulos, devem aparecer no sumário da mesma forma que apareceram no texto; com os mesmos recursos tipográficos (negrito, itálico, caixa alta, fonte e outros).

- **ELEMENTOS TEXTUAIS**

O *corpo* de relatórios deve ter:

1. Introdução: introduz o problema ou a situação. É uma breve descrição de todas as partes do trabalho. Se o autor preferir, na introdução, pode descrever cada capítulo do relatório, indicando o objetivo e o alcance de cada um (em caso de relatórios mais extensos).
2. Desenvolvimento: item obrigatório. Parte principal do texto e a mais extensa, que contém a exposição ordenada e detalhada do assunto. Divide-se em seções e subseções em que se apresenta o desenvolvimento das ideias.
3. Conclusão: síntese da argumentação desenvolvida, na qual se apresentam sugestões ou conclusões. Deve ser objetiva e concisa. Ao apresentar sugestões, soluções e/ou conclusões, o documento técnico deve realizar duas tarefas: antecipar as objeções; responder às perguntas prováveis (quem, quando, quanto, onde, por que, para que, para quem, como).

4. Proposta de encaminhamento: quando aplicável, devem ser formuladas proposições de medidas saneadoras (audiência, citação) e/ou cautelares (afastamento temporário do responsável, indisponibilidade de bens do responsável, arresto de bens do responsável, suspensão de ato ou procedimento) para cada fato observado.

■ ELEMENTOS PÓS-TEXTUAIS

1. Referências: conjunto padronizado de elementos descritivos que permite a identificação, no todo ou em parte, de documentos impressos ou registrados nos diversos suportes existentes (ver NBR 6023/2018 da ABNT).
2. Glossário: arrola termos técnicos e/ou palavras menos conhecidas, utilizadas no texto.
3. Apêndice(s): material(is) complementar(es) que, quando necessário(s), serve(m) para esclarecer e/ou complementar um raciocínio. Os apêndices são elaborados pelo autor e devem ser acrescidos no final do documento. São identificados por letras maiúsculas consecutivas, travessão e pelos respectivos títulos.
Exemplo:
APÊNDICE A – Avaliação numérica de células inflamatórias totais aos quatro dias de evolução.
APÊNDICE B – Avaliação de células musculares presentes nas caudas em regeneração.
4. Anexo(s): documento(s) complementar(es) e/ou comprobatório(s) do texto – não elaborado(s) pelo autor, que serve(m) para fundamentar, comprovar ou ilustrar. São identificados por letras maiúsculas consecutivas, travessão e pelos respectivos títulos.
Exemplo:
ANEXO A – Abreviatura dos meses
ANEXO B – Relação das normas da ABNT sobre documentação
5. Índice(s): lista(s) de entradas remetendo para as informações contidas no texto (ABNT NBR 6034/1989). Quanto ao

enfoque, o índice pode ser de: autor, assunto, pessoa e entidade e outros, podendo-se optar pelo índice geral em que se combinam duas ou mais categorias. Deve cobrir todas as informações contidas na obra, com as entradas em linhas separadas, e os subcabeçalhos em recuo da esquerda para a direita.

■ NECESSIDADE DE PESQUISA PARA ELABORAR DOCUMENTOS TÉCNICOS

Alguns textos técnicos podem ser escritos a partir do que a pessoa já conhece; outros podem requerer pesquisa.

Ao redigir uma nota técnica, um relatório, um parecer, é essencial ter os fatos necessários à mão antes de registrar qualquer coisa no papel ou tela de computador. O redator fará um trabalho melhor assim do que se tiver de parar a todo o momento enquanto redige para obter informações. Na melhor das hipóteses, isso quebrará a concentração; na pior, o texto poderá ficar sem informações essenciais.

Às vezes, a pesquisa necessária é coisa de rotina: basta verificar em um arquivo, conversar com um colega de trabalho ou consultar um documento anterior. Em outras ocasiões, ela precisará ser mais bem elaborada, podendo envolver fontes tanto externas quanto internas: algo como uma biblioteca especializada ou uma seção de informações do próprio departamento onde se atua.

O redator deve se perguntar sobre o que o ajudaria a colocá-lo em melhor posição para escrever; mas não se esqueça de que é preciso haver um equilíbrio nesse aspecto. A pesquisa exagerada tornará a tarefa pesada demais, além de acabar se mostrando desnecessária e consumir muito tempo; ao passo que a pesquisa insuficiente colocará em risco o alcance dos objetivos. A quantidade certa, na verdade, até reduz o tempo de redação do texto. É um erro pensar que restringir a pesquisa economiza tempo; em geral, o contrário é verdadeiro.

■ A argumentação do texto técnico

O redator, ao escrever, expõe sua técnica profissional. Assim, deve dominar com maestria o uso de diferentes linhas de raciocínio lógico (dedução, indução) a fim de poder fundamentar com a necessária consistência o seu pensamento. É comum haver profissionais que transmitem ideias em seus textos aquém da sua capacidade real de pensar, ocorrendo uma distância entre o ato de organizar o pensamento e o texto propriamente escrito.

Não há dúvidas de que todo o exercício do redator está ligado à possibilidade e capacidade de argumentação. Esta tem por finalidade convencer ou persuadir uma pessoa ou um grupo de pessoas, mediante a apresentação de razões fundamentadas em evidências e estruturadas num raciocínio lógico e coerente.

A palavra *argumento* origina-se do latim *argumentum* e significa fazer brilhar, iluminar. O ato de argumentar também possui o objetivo de trazer para junto do agente o interlocutor; quem convence tem por objetivo, portanto, fazer prevalecer seu ponto de vista mediante a apresentação de argumentos. O convencimento obtido por coação não se origina de um processo argumentativo. A argumentação compreende um quadro constituído de:

- um tema, assunto sobre o qual haja dúvidas quanto à legitimidade;
- um argumentador, que desenvolve um raciocínio a respeito desse mesmo tema; e
- um receptor/interlocutor/debatedor, a quem se dirigem os argumentos com a finalidade de que este venha a *curvar-se* diante da força e da solidez da organização lógica do pensamento por meio das palavras do argumentador.

A leitura de bons textos, a pesquisa e o debate são alguns dos meios disponíveis para que se possa munir de informações, ideias e argumentos e, consequentemente, adquirir-se maior segurança tanto no momento da expressão oral quanto na utilização da palavra escrita.

Não há modelo único para a construção de um bom contexto argumentativo. As possibilidades para se iniciar, desenvolver ou concluir um texto dessa natureza são muitas e dependem do tema, das ideias que o autor pretende desenvolver, do enfoque que deseja dar a elas e de sua própria criatividade, das provas e contraprovas, dos juízos, evidências e das analogias.

■ RACIOCÍNIO E ARGUMENTAÇÃO

Raciocínio é o encadeamento lógico de juízos ou pensamentos. Nessa acepção, constitui processo discursivo pelo qual se passa de proposições conhecidas, presumidas ou assumidas (denominadas *premissas*) a outra proposição (a *conclusão*) à qual são atribuídos graus diversos de anuência.

A leitura de textos pressupõe dois processos básicos de raciocínio: a *recorrência* e a *inferência*. Como a primeira se baseia na análise contextual, respeitando-se normas e conceitos nos quais se calca, não oferece maior desconforto ao leitor no momento da execução de sua interpretação.

Já a inferência é um processo que requer conhecimento do mundo que cerca cada leitor, não sendo o texto o único fornecedor das informações necessárias à sua interpretação. O texto técnico não deve necessitar de interpretações a partir de elementos extratextuais. Ele deve ser claro e objetivo, não deixando margens para divergentes compreensões.

■ OS ARTICULADORES DO DISCURSO

Quando se lê ou se produz um texto, é preciso estar atento aos termos que funcionam como indicadores do tipo de discurso. Por exemplo:

A testemunha deve narrar elementos pormenorizados, pois *seus critérios estarão instruídos a contra-argumentar a matéria de forma ampla,* portanto *é fundamental o detalhamento e a autenticidade em seu testemunho.*

Note-se que nesse exemplo há dois indicadores argumentativos explícitos: um que indica uma premissa: *pois*, e outro que indica uma conclusão: *portanto*. Esses indicadores servem de articulação e garantem uma leitura sem contra-argumentação de seu texto.

▪ TERMOS INDICADORES

Indicadores de premissa: *admitindo que; a razão é que; assumindo que; como foi dito; como foi visto; dado que; devido a; pois; porque; sabendo-se que; visto que.*

Indicadores de conclusão: *consequentemente; daí que; em razão de; em virtude de; então; implica que; infere-se que; logo; por conseguinte; por isso; portanto.*

▪ COMO ARGUMENTAR COM PRECISÃO

Para se fazer um texto com argumentos precisos, é necessário:

1. basear-se em argumentos fundamentados, que podem ser comprovados;
2. argumentar com ideias, princípios, exemplos e fatos. Jamais ironizar ou ser sarcástico;
3. evitar juízos de simples inspeção, tais como preconceitos, superstições, suposições ou generalizações;
4. construir argumentos sólidos relativos à finalidade do documento;

▪ CONSISTÊNCIA ARGUMENTATIVA

A boa argumentação pressupõe dois elementos principais:

1. consistência do raciocínio: todo raciocínio deve basear-se na verdade das proposições tanto quanto no equilíbrio das informações;
2. evidência das provas: fatos, exemplos, ilustrações, dados estatísticos e testemunhos.

■ Tipos de evidências em documentos técnicos

1. Fatos: representam o elemento fundamental da argumentação. Embora alguns entendam que só os fatos têm força de prova, isso só pode ser aceito como verdade se eles forem irrefutáveis. Nesses casos, seu valor de prova é relativo, pois ficam sujeitos à evolução da ciência, da técnica e dos conceitos. Para que a argumentação seja inquestionável, os fatos precisam ser evidentes, notórios e atualizados.
2. Exemplos: denotam argumentação típica ou representativa de uma situação particular.
3. Ilustrações: ocorrem com o prolongamento de uma narrativa que se vale de descrição minuciosa. Esse tipo de evidência objetiva torna clara, vívida, a argumentação abstrata. Subdivide-se em:
   - hipotética: narrativa que alude a um fato passível de ocorrer em circunstâncias particulares. É fundamental nesses casos que haja verossimilhança para que denote consistência argumentativa e adequação da ideia defendida.
   Exemplo: *Suponhamos que..., Imaginemos que...*
   - real: narrativa com descrição detalhada de um fato concreto, constituindo, por si mesma, prova suficiente. Para cumprir tal objetivo, a argumentação deve se valer de clareza e objetividade a fim de que se mantenha estreita relação com a proposição.
   Exemplo: *Diante das provas irrefutáveis...*
4. Dados estatísticos: são fatos específicos e como tais possuem inestimável juízo de convicção, determinando prova ou evidência, normalmente, incontestável. Ainda assim, é preciso acautelar-se com a apresentação ou a manipulação desses dados, pois sua validade também é relativizada pela exposição de outros dados que os possam refutá-los.
   Exemplos: *Os casos de abortos clandestinos no Brasil...* ou *O aumento da criminalidade...*

5. Testemunho: é a evidência posta ao propósito da tese por intermédio de terceiros. Embora se entenda como prova irrefutável sempre que autorizado ou fidedigno, sua eficácia é relativa à medida que se procura cada vez mais comprovar a sua falibilidade.

■ Recursos argumentativos da linguagem técnica

Há vários recursos argumentativos, contudo, para melhor compreensão do processo argumentativo nos documentos técnicos, serão analisados três recursos que devem estar presentes nos documentos:

■ ARGUMENTO TELEOLÓGICO

O argumento teleológico é aquele que busca a finalidade e o espírito da lei. Isso significa que o redator precisa compreender o texto legal para saber qual é o objetivo. Toda lei tem uma finalidade; ao apreendê-la, inicia-se a organização do processo argumentativo com base na interpretação dela. A argumentação deve apresentar fundamento legal.

■ ARGUMENTO ANALÓGICO

O argumento analógico consiste em trazer à tona decisões de casos concretos e semelhantes e que auxiliam na formulação da tese argumentativa.

■ ARGUMENTO DE AUTORIDADE

O argumento de autoridade é a citação do fragmento de uma obra. Para creditar confiabilidade na argumentação de autoridade, o autor da obra citada deve ser especialista em uma área, além de ser renomado.

■ Ordenando os argumentos

O primeiro passo da argumentação é selecionar os elementos a serem expostos, que, no caso, são os próprios argumentos.

Quando se faz um texto a respeito de uma tese, deve-se partir da narração dos fatos completos. A função narrativa é a de fazer o leitor compreender os fatos, ainda que expostos do ponto de vista do autor.

Ao entrar na parte argumentativa propriamente dita, fazem-se duas pretensões: a primeira é a de que sejam comprovados os fatos narrados; a segunda é a de que, desses fatos, advenham algumas consequências determinadas.

Para montar a argumentação, principalmente as mais complexas, é necessário que o profissional faça um breve esboço das ideias que vai apresentar em seu texto.

Depois de narrar os fatos, deve-se proceder à elaboração da tese, ou das teses. Com a tese elaborada, procuram-se os argumentos que podem vir a fundamentá-la.

Os argumentos devem ser expostos de maneira ordenada, procurando-se que as ideias venham encaixadas em um percurso. Por isso, importante se faz elaborar um esboço.

■ COMO FAZER UMA BOA NARRAÇÃO?

Quando se faz um texto narrativo, primeiramente deve-se selecionar o que é fundamental contar:

1. fatos que são relevantes;
2. fatos que contribuem para a compreensão dos tecnicamente relevantes;
3. fatos que satisfazem a curiosidade do leitor ou lhe desperte interesse.

Ao escrever uma narrativa, procure sempre responder às seguintes perguntas:

- O que aconteceu?
- Quem são os envolvidos?
- Como ocorreu?
- Quando ocorreu?
- Onde ocorreu?
- Por que ocorreu?
- Quais foram as consequências do fato?

É importante observar que a narrativa traz em si forte argumentação para o ponto de vista defendido por quem a redige. Ao narrar qualquer fato, de acordo com sua intenção, o autor procura convencer a respeito de sua interpretação pessoal dos fatos narrados. Em resumo, podemos dizer que é impossível, na atividade redacional, uma narração imparcial.

Observe este exemplo:

O réu ameaçava a vítima que, aos gritos, clamava por não ser morta. Ele pediu as joias e, ao ouvir a negativa da vítima, que dizia não possuir nenhuma, não teve dúvida: com frieza desumana, puxou o gatilho do revólver encostado à cabeça da vítima, prostrando-a no chão, sem vida, de forma cruel, por motivo absolutamente fútil.

Veja outra forma de narrar o mesmo fato:

O réu, na intenção de roubar, pediu à vítima joias e dinheiro. Assustado, temeroso e alterado, pois não é um bandido profissional, mas incidentalmente cometendo aquele equívoco, ouviu a ríspida negação da vítima e, supondo tendo ela chance de reação, que por certo poria sua vida em risco, em um ímpeto de emoção e medo apertou o gatilho, temendo por sua sobrevivência.

Ambos os textos trazem a narração da mesma situação; cada um com um ponto de vista implícito. O vocabulário e os fatos foram selecionados pelos narradores, que mostram assim seu intento acusatório ou defensivo.

A aceitação de uma ou de outra tese, de um ou de outro argumento tem relação com cada leitor, ou seja, não se pode conseguir a adesão de todas as pessoas à sua argumentação, por melhor que seja. Isso porque, na redação técnica, não prevalece a lógica formal, mas a argumentativa, aquela em que não existe propriamente uma verdade universal, sem uma tese aceita por todos a todo momento, como ocorre em matemática. Isto é notório aos redatores: alguns aceitam determinadas teses, outros não. A experiência pessoal e o conhecimento do assunto determinam a aceitação ou não de uma argumentação.

■ Revisão do texto técnico

A revisão *não deve* ser feita pelo redator. O texto deve ser enviado para mais alguém, que estará à vontade para apontar ou corrigir eventuais problemas de lógica, consistência ou gramática.

Utilize cada versão digitada, resultante das revisões, com total liberdade: escreva em cima das palavras, das frases, risque, redija nas margens, faça sinais indicando inversões de palavras. Enfim, examine em profundidade no texto e coloque em condições de receber uma nova versão.

Finalmente, uma recomendação vital: não se apaixone pelo texto. Não caia de amores pelo que você escreveu; fuja dessa tentação.

Tenha sempre em mente que quem deve se apaixonar pelo texto é o leitor. Assim, faça tudo para que ele caia de amores pelo que você lhe escreveu.

■ LISTA DE VERIFICAÇÃO PARA REVISÃO DO TEXTO

1. O assunto expressa a ideia principal do documento e a finalidade?
2. O texto contém todas as informações necessárias para o leitor (para que ele compreenda e compre a mensagem)?

3. Os elementos importantes do texto (que contêm suas ideias principais) estão claros e destacados (para que o leitor os perceba com facilidade)?
4. O texto permite que o leitor siga com facilidade o desenvolvimento das suas ideias (tópicos, títulos, subtítulos, palavras de ligação, parágrafos)?
5. O tratamento dedicado ao leitor está correto?
6. A tonalidade do texto combina com a intenção e a finalidade dele?
7. Alguma palavra ou expressão do texto é supérflua?
8. As frases estão consistentes com as ideias?
9. As conclusões/recomendações são lógicas?
10. A disposição dos elementos do texto está consistente com o assunto abordado?
11. O texto será capaz de conduzir o leitor a fazer o que você quer que ele faça (caso você esteja vendendo uma ideia)?
12. Você crê firmemente que seu texto permitirá ao leitor uma decisão segura sobre o assunto abordado (caso você esteja oferecendo informações e elementos para decisão)?

Padronização dos textos oficiais

■ GRAFIA DE DATAS

Registro do local e da data de emissão de notas técnicas, relatórios e pareceres.

Atenção:

1. Não há necessidade de acrescentar a sigla da Unidade da Federação ao nome da cidade.
2. O dia é escrito sem o zero à esquerda.
3. O primeiro dia do mês é sempre em numeral ordinal.
4. O mês é por extenso, em letra minúscula.
5. O ano não recebe ponto para separar a casa do milhar.
   Exemplo: *Brasília, 5 de abril de 2022.*
   Exemplo de erro: *Brasília*-DF, *09 de Abril de* 2.022.
6. A citação de datas no corpo do texto pode ser abreviada, seguindo-se as mesmas normas da data por extenso.
   Exemplo: *5/4/2022 ou 5/4/22.*
7. Recomenda-se ainda, para um uso padronizado, apenas o emprego de barra: *1/6/18* (*não: 1.6.2022* ou *1-6-22*)

■ GRAFIA DE HORAS

Existe uma convenção internacional, da qual o Brasil é signatário, que estipula o seguinte:

O símbolo de hora é *h*, o de minuto é *min*, o de segundo é *s*. E não *hs, hr, hrs*. Além disso, não há ponto (.) depois de *h*, já que é um símbolo e não uma abreviatura. A forma *7:00*, com dois-pontos, faz parte do sistema inglês, e não é utilizada na língua portuguesa. O correto é *7h*.

Para citar um período de duração, usa-se: *Das* 8h30 *às* 12h30 ou *de* 8h30 *a* 12h30.

O símbolo *min* depois dos minutos é optativo, podendo aparecer ou não, mas é obrigatório quando forem citados os segundos, *s*.

Exemplo: *22h30min20* ou *22h30min20s.*

Os números e os símbolos aparecem juntos, sem espaço entre eles. Exemplo de *erro*: *22h 30min ou 22 h 30 min 20 s.*

■ FORMATAÇÃO

■ Aspas

As aspas têm os seguintes empregos:

1. Antes e depois de uma citação textual direta, quando esta tem até três linhas, sem utilizar itálico:
   Exemplo: *A Constituição da República Federativa do Brasil, de 1988, no parágrafo único de seu art. 1º afirma:* "Todo o poder emana do povo, que o exerce por meio de representantes eleitos ou diretamente".
   Se o texto original já contiver aspas, estas serão substituídas por aspas simples:
   Exemplo: *"As citações são os elementos retirados dos documentos pesquisados durante a leitura da documentação e que se revelaram 'úteis' para corroborar as ideias desenvolvidas pelo autor no decorrer do seu raciocínio" (Severino, 2000: 110).*
   Atenção: quando a citação ocupar quatro ou mais linhas, deve-se optar pelo parágrafo recuado com 4 cm na régua, sem aspas e sem itálico, com o tamanho da fonte reduzido em um ponto (tamanho 11):
   Exemplo:
   Já é tempo de zelarmos com mais assiduidade não só pelo polimento da frase, mas também, e principalmente, pela sua carga semântica, procurando dar aos jovens uma orientação capaz de levá-los a pensar com clareza e objetividade para terem o que dizer e poderem expressar-se com eficácia (Garcia, 1995).
2. Quando necessário, para diferenciar títulos, termos técnicos, expressões fixas, definições, exemplificações e assemelhados:

Exemplo: *O maior inteiro que divide simultaneamente cada membro de um conjunto é o "máximo divisor comum".*

Quanto à correta posição das aspas em frase contendo citação, quando o fim da citação, assinalado por ponto-final, coincidir com o término da frase, as aspas se colocam após esses pontos e não se usa mais nenhum sinal de pontuação:

Exemplo: *O presidente anunciou: "Está encerrada a sessão."*

■ Itálico

Emprega-se itálico em:

1. Títulos de publicações (livros, revistas, jornais, periódicos etc.) ou de congressos, conferências, slogans, lemas sem o uso de aspas (com inicial maiúscula em todas as palavras, exceto nas de ligação):
   Exemplos:
   Foi publicada a nova edição da *Moderna Gramática Portuguesa*, de Evanildo Bechara.
   O documento foi aprovado na *II Conferência Mundial para Pessoas com Deficiência*.

2. Palavras e as expressões em latim ou em outras línguas estrangeiras não incorporadas ao uso comum na língua portuguesa ou não aportuguesadas.
   Exemplos: *détente, mutatis mutandis, show, check-in, caput, réveillon, spoiler, status, print.*
   Em palavras estrangeiras ou de formação híbrida de uso comum ou aportuguesadas, não há necessidade de destaque, como, por exemplo: internet, mouse, déficit.

■ Negrito e sublinhado

Usa-se o negrito para realce de palavras e trechos. Deve-se evitar o uso de sublinhado para realçar palavras e trechos em comunicações oficiais.

Atenção: os recursos para destaque devem ser empregados com critério, pois o uso abusivo, além de poluir a página visualmente, pode retirar o efeito de destaque.

■ USO DE SIGLAS

1. A primeira vez que a sigla for citada no texto, o nome correspondente deve ser escrito por extenso. Geralmente, o nome aparece primeiro por extenso e, em seguida, a sigla entre parênteses ou com um travessão (quando no fim da frase) ou entre dois travessões (quando no meio da frase).
Exemplos:
Companhia Energética de Brasília (CEB).
O documento foi encaminhado à Ordem dos Advogados do Brasil – OAB.
A Ordem dos Advogados do Brasil – OAB – acompanhou as irregularidades.

2. Quando a sigla for mais conhecida que o nome ou quando não houver mais correspondência com o nome por extenso, a sigla poderá aparecer primeiro no texto.
Exemplos:
FMI – Fundo Monetário Internacional.
MEC (Ministério da Educação).

3. Siglas que possuem até três letras devem ser escritas em maiúsculas, sem ponto entre as letras.
Exemplos: *GDF, SGA, ONU.*
Exemplos de erro: *G.D.F, S.G.A, O.N.U.*

4. Siglas que possuem mais de três letras, em que se pronuncia cada uma separadamente, também deverão ser escritas todas

em maiúsculas, sem ponto entre as letras:
Exemplos: *INSS, CPMF, BNDES.*

5. Siglas que possuem mais de três letras e formam uma palavra deverão ser escritas apenas com a primeira letra em maiúscula:
Exemplos: *Sebrae, Detran, Terracap, Codeplan, Caesb, Embrapa.*

6. Siglas com formação mista, isto é, quando uma parte for soletrada e outra for pronunciada como palavra, aquela fica em maiúscula e o restante em minúscula:
Exemplos: *Dger, CGCop, ICMBio.*
Nesse caso, é possível também utilizar todas as letras maiúsculas:
Exemplos: *DNIT, HRAN.*

7. Excepcionalmente, algumas siglas admitem forma mista, escritas com maiúsculas e minúsculas, para evidenciar que estas não se referem a uma nova palavra, mas constam da anterior:
Exemplos: *UnB, CNPq.*

8. Com sigla empregada no plural, deve-se utilizar *s* (minúsculo) de plural, sem apóstrofo:
Exemplos: Os TREs (Tribunais Regionais Eleitorais), não TRE's.
Os Detrans (Departamentos de Trânsito), e não Detran's.
Essa regra não se aplica a siglas terminada com a letra *s*, caso em que o plural é definido pelo artigo:
Exemplo:
Os DVS (Destaques para Votação em Separado).

9. Algumas siglas podem ter mais de um significado. Atente-se para não causar dúvidas ou ambiguidade no texto.
Exemplos:
MP: Medida Provisória e *Ministério Público.*
PR: Presidência da República, Paraná, Partido Republicano etc.

10. Cuidado com o gênero (feminino ou masculino) e o número (singular ou plural) da sigla. Observe a primeira palavra a partir da qual a sigla foi formada para saber se a concordância é com o masculino ou o feminino.

Exemplos:
A Presidência da República. A PR.
O Partido Republicano. O PR.
Os Parâmetros Curriculares Nacionais. Os PCN.

11. Devem-se empregar as siglas e os acrônimos dos órgãos estrangeiros na versão em português, que correspondem à expressão original traduzida. Entretanto, adota-se a forma abreviada original quando o seu uso for disseminado internacionalmente.
Exemplos:
Organização dos Países Exportadores de Petróleo – Opep.
Aids (Síndrome da Imunodeficiência Humana).

12. Para tornar o texto mais claro, as siglas estrangeiras podem ser explicadas, em vez de traduzidas literalmente.
Exemplo:
O FBI, a Polícia Federal dos Estados Unidos.
O Federal Reserve (FED), o banco central norte-americano.

■ GRAFIA DE NÚMEROS

1. No corpo do texto, os números formados por uma palavra devem ser escritos por extenso:
Exemplos:
Foram debatidas quinze proposições, oito das quais projetos de lei.
O projeto foi aprovado no quinquagésimo dia de discussão.

2. Quando os numerais, cardinais ou ordinais, são formados por mais de uma palavra, devem ser grafados em algarismos (havendo numeral de apenas uma palavra na mesma frase, também ele será grafado em algarismos).
Exemplos:
O deputado apresentou 21 projetos de lei e 13 de resolução.
Foram aprovados 20 candidatos para a área I e 23 para a área II.

3. No início de frases, os numerais devem sempre ser escritos por extenso.
Exemplo:
Duzentos servidores pediram aposentadoria.

4. Escreve-se em algarismos quando os números estão lado a lado.
Exemplo:
Cada funcionário atendeu de 5 a 15 pessoas.

5. É possível escrever mil, milhão, bilhão por extenso ou na forma mista.
Exemplos:
O MEC deve receber dois milhões de inscritos.
O lucro da Petrobras foi de R$ 31,9 milhões.

Muita vezes, os números das leis vêm precedidos da expressão *Lei Complementar*. Na primeira menção no texto, ela deve ser grafada por extenso (com ou sem a abreviatura *n*.)
Exemplo:
A redação do texto legal deve seguir as normas estabelecidas pela Lei Complementar n. 95, de 26 de fevereiro de 1998. [...]
Nas menções seguintes no mesmo texto, pode-se abreviar como exemplificado:
Lei Complementar n. 95, de 1998;
ou
LC 95, de 1998;
ou
LC 95/98.
Para que haja uniformidade, empregue a mesma forma de abreviar *número* em um mesmo texto. Como nos atuais processadores de texto não está facilmente disponível o º sobrescrito com ponto, vem-se consagrando a abreviatura *n*. em substituição a *nº*.

Atenção: para indicar aproximação, deve-se usar apenas número redondo:

Exemplo:

Cerca de 2 mil servidores entraram na Justiça contra a medida (não: **Cerca de 1.980 servidores...*).

6. Números de 1,1 a 1,9 exigem a palavra *milhão, bilhão, trilhão* no singular:

Exemplos:

1,1 milhão de pessoas; 1,4 bilhão de dólares; 1,9 trilhão de reais.

Já o verbo deve ser empregado no plural:

Exemplos:

Em 2022, 1,1 milhão de pessoas foram *atendidas pelo programa. Foram gastos 1,9 milhão de reais na obra.*

7. Nos textos legais e documentos administrativos que demandem segurança especial, valores monetários, porcentagens e demais quantitativos devem ser escritos duplamente, em algarismos e por extenso entre parênteses:

Exemplo:

Fica aprovado o crédito de R$ 1.000.000,00 (um milhão de reais). Art. 1º Esta Lei estima a receita da União para o exercício financeiro de 2021, no montante de R$ 1.502.129.012.295,00 (um trilhão, quinhentos e dois bilhões, cento e vinte e nove milhões, doze mil e duzentos e noventa e cinco reais).

A empresa com cem ou mais empregados está obrigada a preencher de 2% (dois por cento) a 5% (cinco por cento) dos seus cargos com pessoas portadoras de deficiência.

9. Na numeração dos dispositivos dos textos legais, usam-se algarismos ordinais do primeiro ao nono artigo e parágrafo (no caso de um único parágrafo, usa-se apenas a expressão *Parágrafo único*) e cardinais de 10 em diante (os itens, desdobramentos de alíneas, são grafados com cardinais inclusive de 1 a 9).

Exemplos:

Art. 1º, Art. 2º, Art. 9º, Art. 10, Art. 11; § 1º, § 2º, § 9º, § 10, § 11.

Aspectos gramaticais relevantes para a redação oficial

Nossa proposta nesta parte do livro é a revisão de questões gramaticais aplicadas à redação oficial. Na elaboração deste material, levou-se em conta amplo levantamento de dúvidas frequentes com relação a questões gramaticais.

As noções gramaticais apresentadas referem-se à *gramática formal*, entendida como o conjunto de regras fixado a partir do padrão da língua. Optou-se, assim, pelo emprego de certos conceitos da gramática *tradicional* ou *normativa*.

Sublinhemos, no entanto, que a gramática tradicional, ou mesmo toda teoria gramatical, é sempre secundária em relação à gramática natural, ao saber intuitivo que confere competência linguística a todo falante nativo. Não há gramática que esgote o repertório de possibilidades de uma língua, e raras são as que contemplam as *regularidades* do idioma.

Saliente-se, por fim, que o mero conhecimento das regras gramaticais não é suficiente para que se escreva bem. No entanto, o domínio da correção ortográfica, do vocabulário e da maneira de estruturar as frases certamente contribui para uma melhor redação.

■ CONCORDÂNCIA VERBAL

A *regra geral* é o verbo concordar com o sujeito em número e pessoa, venha ele claro ou subentendido.

Exemplos:

A empresa cresceu.

Os países estão cada dia mais globalizados.

ASPECTOS GRAMATICAIS RELEVANTES PARA A REDAÇÃO OFICIAL

Quadro 5 – Concordância verbal

Sujeito	Verbo	Exemplo
1. Composto anteposto ao verbo	No plural	As condições de trabalho e as máquinas causam acidentes.
2. Composto posposto ao verbo	No plural (preferencial) ou concordando com o núcleo mais próximo (pode gerar ambiguidade).	Reclamam o operário e seu chefe. Reclamou o operário e seu chefe.
3. Composto resumido com *tudo*, *nada*, *ninguém* etc.	No singular	O ambiente, os colegas, o chefe, a máquina, tudo lhe era desagradável.
4. Fazer e haver indicando tempo	No singular * Se houver auxiliar, este também fica no singular.	Faz cinco anos que não o vejo. Há dez anos trabalho aqui. Deve fazer muito tempo que isso ocorreu.
5. Haver no sentido de existir	No singular * Se houver auxiliar, este também fica no singular. * O verbo *existir* flexiona-se normalmente.	Houve fatos que precisam ser esclarecidos. Deve haver fatos que precisam ser esclarecidos. Existem fatos que precisam ser esclarecidos.
6. Nome próprio que só tem plural, antecipado de artigo	No plural	Os Estados Unidos falharam.
7. Nome próprio que só tem plural, não antecipado de artigo	No singular	Estados Unidos falhou.
8. Expressão partitiva (*a maioria de*, *a maior parte de*), seguida de substantivo ou pronome	No singular ou no plural	A maioria desses acidentes pode ser evitada. A maioria desses acidentes podem ser evitados.

135

9. Percentual seguido de substantivo ou equivalente	A tendência atual é concordar o verbo com a expressão que acompanha o numeral. O verbo também pode concordar com o número.	Quarenta por cento dos trabalhadores sofrem acidentes. Quarenta por cento da população trabalhadora sofre/sofrem acidente. Só 10% da produção foram salvos. Só 10% da produção foi salva.
10. Mais de um	No singular Observação: O verbo poderá ir para o plural: – se a expressão vier repetida – se a frase indicar reciprocidade	Mais de um funcionário saiu. Mais de um funcionário, mais de um chefe saíram. Mais de uma pessoa se deram as mãos.
11. Núcleo do sujeito ligado por *ou*, indicando exclusão	No singular	João ou José será o representante dos metalúrgicos.
12. Núcleo do sujeito ligados por *ou*, não indicando exclusão	No plural	A insegurança ou a raiva podem atrapalhá-lo na decisão.
13. Coletivo	No singular	A multidão gritava.
14. Coletivo seguido de expressão no plural	No singular (preferencial) ou no plural	A multidão de torcedores grita (gritavam).
15. Pronome relativo *que*	Concorda com o antecedente	Fui eu que fiz. Fomos nós que fizemos.
16. Pronome relativo *quem*	Concorda com o antecedente ou fica na 3ª pessoa do singular	Fui eu quem fiz. Fui eu quem fez.
17. Pronome de tratamento	Na 3ª pessoa do singular	Vossa Excelência agiu bem.
18. De orações em que o *se* funciona como partícula apassivadora	Concorda com o sujeito (verbo transitivo direto – VTD)	Vende*m*-se casa*s*. Vende-se casa.
19. Orações em que o *se* funciona como índice de indeterminação do sujeito	Na 3ª pessoa do singular (verbo transitivo indireto – VTI) ou intransitivo - VI)	*Duvida-se* destas propostas. V.T.I. *Trabalha*-se muito. V.I. *Precisa*-se de empregada. V.T.I.

■ CONCORDÂNCIA NOMINAL

Regra básica: o adjetivo, o artigo, o pronome, o numeral e o particípio concordam em gênero e número com o substantivo ao qual se referem.
Exemplos:

Decreto válido. (adjetivo)

Essas pessoas. (pronome)

Os documentos. (artigo)

Duas meninas. (numeral)

Rostos envelhecidos. (particípio)

Essa é a regra básica de concordância nominal. Há, no entanto, alguns casos especiais que devemos considerar:

1. Quando o adjetivo vem depois de dois ou mais substantivos, devemos considerar:
    - substantivos do mesmo gênero: nesse caso, o adjetivo conserva o gênero e vai para o plural ou concorda com o substantivo mais próximo (permanecendo, então, no singular).
    Exemplos:
    Seu esforço e planejamento raro ajudaram-no a vencer.
    Seu esforço e planejamento raros ajudaram-no a vencer.
    - substantivos de gênero diferente: nesse caso, o adjetivo vai para o masculino plural ou concorda com substantivo mais próximo.
    Exemplos:
    Solicitei cartas e ofício claros.
    Solicitei ofícios e cartas claras.
2. Quando o adjetivo estiver anteposto a dois ou mais substantivos, concorda com o mais próximo.
    Exemplos:
    Senti ampla responsabilidade e interesse em seus atos.
    Demonstraram verdadeira caridade e amor.

3. Essas expressões flexionam-se em gênero e número: anexo; incluso; mesmo; próprio; obrigado.
   Exemplos:
   Eles mesmos realizaram aquele trabalho.
   Eles próprios decidiram filiar-se ao partido.
   A diretora respondeu sensibilizada: muito obrigada.
   Vão anexos os pareceres da consultoria jurídica.
   Anexas, seguem as revistas sobre importações de produtos.
   Observação: a expressão *em anexo* é invariável.
   Exemplo:
   As revistas sobre importações de produtos seguem em anexo.
4. Palavras empregadas como *advérbio* não apresentam flexão de gênero e número.
   Exemplos:
   As salas custaram *barato*.
   Os homens estavam *meio* cansados.
5. Nas locuções *é bom, é necessário, é proibido etc.* o predicativo aparecerá sempre na forma masculina, quando o sujeito, mesmo que seja um substantivo feminino singular ou plural, não vier determinado.
   Exemplo:
   É necessário empatia no relacionamento com o cidadão.
   Todavia, *se o sujeito vier determinado,* então será feita a concordância.
   Exemplo:
   É necessária a empatia no relacionamento com o cidadão.

■ REGÊNCIA VERBAL

É a maneira de o verbo relacionar-se com seus complementos. Algumas vezes, um termo necessita de determinada preposição para se unir a outro termo. Outras vezes, a relação ocorre sem a necessidade de preposição. Regência é justamente o estudo da dependência ou não de tais preposições.

Serão apresentados, a seguir, alguns dos verbos mais utilizados em documentos elaborados pelas instituições, com os sentidos mais comuns. Para uma lista completa, consulte um dicionário de regência.

■ Verbos mais utilizados

1. *Agradecer* algo *a* alguém.
   Agradeceu ao *diretor* a *promoção recebida*.
   Agradeceu a *promoção recebida* ao *diretor*.
2. *Atender* algo ou alguém ou atender *a* algo ou *a* alguém.
   O prefeito atendeu ao (o) *ministro em sua reivindicação*.
   Por favor, atenda ao (o) *telefone*.
3. *Autorizar* algo *a* alguém.
   O diretor autorizou a *compra de medicamentos* ao *departamento responsável*.
4. *Avisar, cientificar, comunicar, informar, notificar* algo *a* alguém ou alguém *de/sobre* algo.
   O chefe informou aos *colegas* a *data do evento*.
   O chefe informou os *colegas* sobre *a data do evento*.
5. *Comparecer a* ou *em* algum lugar ou evento.
   Compareci ao (no) *local indicado nas instruções*.
   A maioria dos delegados compareceu à (na) *reunião*.
6. *Compartilhar* alguma coisa ou *de* alguma coisa.
   O povo brasileiro compartilha os (dos) *ideais de preservação ambiental do governo*.
7. *Consistir em* alguma coisa.
   O plano consiste em promover uma trégua de preços por tempo indeterminado.
8. *Esquecer/lembrar* algo ou esquecer-*se*/lembrar-*se de* algo.
   Esqueci a data da entrega do imposto de renda.
   Esqueci-me da *data de entrega do imposto de renda*.
   Lembrei o problema.
   Lembrei-me do *problema*.

9. *Faltar a* algo (ausentar-se, inexistir).
   O chefe faltou à *reunião.*
   O chefe faltou ao *evento.*
10. *Ir/ Chegar/ Levar a* algum lugar (e não *em* algum lugar).
    Vou ao *Japão no próximo ano.*
    Cheguei ao *ministério às 11 horas.*
    Levei meu filho ao *cinema neste fim de semana.*
11. *Obedecer/ Desobedecer a* alguém ou *a* alguma coisa.
    É necessário que as autoridades obedeçam aos *preceitos da Constituição.*
    Os motoristas foram presos porque desobedeceram aos *policiais.*
12. *Pedir* algo *a* alguém.
    Pediu ao *assessor o relatório da reunião.*
13. *Preferir* com a preposição *a*. Nunca usar *prefiro mais* e prefiro algo *do que* outra coisa.
    Prefiro a democracia ao *totalitarismo.*
    Prefiro cerveja a *vinho.*
14. *Proibir* algo *a* alguém ou alguém *de* algo.
    A professora proibiu a *entrada* ao *aluno atrasado.*
    A equipe proibiu o *colega* de *fumar no local de trabalho.*
15. *Renunciar* algo ou *a* algo.
    Ela renunciou os (aos) prazeres da mesa.

■ Verbos que mudam o sentido conforme a regência

1. Assistir
   - *Assistir* alguém ou *a* alguém, com o sentido de ajudar, prestar assistência.
     O governo assiste as *populações carentes.*
     O governo assiste às *populações carentes.*
   - *Assistir a* algo, com o sentido de ver.
     Assistiremos ao *filme.*
     Assistiremos à *peça de teatro.*

- *Assistir a* alguém, com o sentido de pertencer, ter direito.
  Esse direito só assistia ao *presidente*.
2. Implicar
   - *Implicar* algo, no sentido de acarretar, ter como consequência.
     O convênio implica a *aceitação dos novos preços para a mercadoria*.
     Sua decisão implicou o *cancelamento do projeto*.
     Implicar com algo ou alguém, com o sentido de perturbar, ter implicância.
     O irmão sempre implicava com *os defeitos da irmã*.
3. Proceder
   - *Proceder a* algo, com o sentido de dar início, dar sequência, realizar, fazer.
     A polícia procederá ao *inquérito*.
     O fiscal procedeu ao *exame na hora marcada*.
   - *Proceder,* com o sentido de ter fundamento, fazer sentido, é intransitivo.
     Seu comportamento não procede.
     Seus argumentos não procedem.
4. Visar
   - *Visar* algo, com o sentido de pôr o visto.
     Não se esqueça de visar seu passaporte.
   - *Visar a* algo, com o sentido de objetivar, almejar.
     Os políticos visam apenas aos *próprios interesses*.

■ Verbos pronominais

Os verbos pronominais são sempre apresentados com o pronome. Veja, a seguir, alguns verbos pronominais:

- ajoelhar-se;
- aposentar-se;
- arrepender-se;

- casar-se;
- formar-se;
- indignar-se;
- orgulhar-se.

■ REGÊNCIA NOMINAL

É a relação de subordinação entre o nome e seus complementos, devidamente estabelecida por intermédio das preposições correspondentes.

1. Apto (a, para)
   Estava apto ao/para o desempenho das funções.
2. Ávido (de, por)
   Um homem ávido de/por novidades
3. Capacidade (de, para)
4. Constituído (de, por)
   Um grupo constituído de/por várias turmas.
5. Contrário (a)
   Contrário a meus princípios. Contrário à guerra.
6. Dúvida (acerca de, de, em, sobre)
7. Empenho (de, em, por)
8. Incompatível (com)
   A verdade é incompatível com a realidade
9. Residente (em)
   Os residentes em Brasília

■ PRONOMES

Pronome é o vocábulo que substitui ou acompanha o nome.

■ Classificação dos pronomes

Os pronomes podem ser:

1. pessoais: dividem-se em:
    - retos (exercem a função de sujeito ou de predicativo do sujeito); e
    - oblíquos (funcionam como complementos);
2. de tratamento: categoria dos pronomes pessoais que designa a forma de tratamento a ser utilizada no trato com certas pessoas;
3. possessivos: estabelecem relação de posse entre os elementos regente e regido;
4. demonstrativos: indicam a posição dos seres no espaço e no tempo ou em referência aos elementos do texto; também podem substituir algum termo, expressão, oração ou ideia, evitando sua repetição;
5. indefinidos: têm sentido vago ou indeterminado;
6. interrogativos: são usados nas interrogações, diretas ou indiretas;
7. relativos: referem-se a um termo anterior chamado antecedente ou referente.

■ PRONOMES PESSOAIS

O documento sumiu.
Ele sumiu.

Ele – pronome pessoal
do caso reto.

Encontrei *o documento*.
Encontrei-*o*.

O – pronome pessoal
do caso oblíquo.

Quadro 6 – Pronomes pessoais

	Pronome pessoal reto	Pronome pessoal oblíquo	Pronome Possessivo	Pronome demonstrativo
Singular				
1ª pessoa	Eu	Me	Meu(s), minha(s)	Este(a), isto
2ª pessoa	Tu	Te	Teu(s), tua(s)	Esse(a), isso
3ª pessoa	Ele	Se, o, a, lhe	Seu(s), sua(s), dele(a)	Aquele(a), aquilo
Plural				
1ª pessoa	Nós	Nos	Nosso(s), nossa(s)	Este(a), isto
2ª pessoa	Vós	Vos	Vosso(s), vossa(s)	Esse(a), isso
3ª pessoa	Eles	Se, os, as, lhes	Seu(s), sua(s), deles(as)	Aquele(a), aquilo

Embora a maioria das gramáticas normativas não registre *você* como pronome pessoal, o bom senso linguístico nos leva a organizar o assunto da seguinte maneira:

1. *Você* será pronome pessoal sempre que estiver na posição de sujeito da frase.
   Exemplo: *Você assinou o relatório?*
2. *Você* será pronome de tratamento quando estiver depois das preposições *a, por, para, com.*
   Exemplo: *Entreguei o documento a você.*

■ **PRONOMES RELATIVOS**

Referem-se a um termo anterior chamado antecedente ou referente (substantivo ou pronome substantivo); sempre dão início a orações subordinadas adjetivas.

Os pronomes exercem um papel decisivo na construção de um texto coeso e coerente, a partir de indicações corretas aos seus elementos.

O recurso linguístico de ligar a elementos textuais os pronomes que a eles se referem se chama referência anafórica (se o termo for antecedente ao pronome) ou catafórica (em caso de termo referente após o pronome).

Quadro 7 – Características dos pronomes relativos

Que	Pode ser usado com qualquer antecedente. Normalmente é empregado em relação a *coisa*. Exemplo: *O documento que o diretor assinou.*
O qual	É usado quando o referente se encontra distante ou para evitar ambiguidade. Exemplo: *Visitei a tia do rapaz que sofreu acidente.* Quem se acidentou? O rapaz ou a tia dele? Para evitar a dúvida, use *o qual* para ele ou *a qual* para ela.
Quem	Somente usado com antecedente *pessoa*. Sempre virá antecedido de preposição. Exemplo: *Ele é o coordenador de quem lhe falei.*
Onde	Utilizado quando o referente for *lugar*, ou qualquer coisa que a isso se assemelhe. Exemplo: *A casa onde moro.*
Como	Usado com antecedente que indique *modo ou maneira*. Exemplo: *O jeito como escreve mostra a pessoa que é.*
Quando	O antecedente dá ideia de *tempo* também equivalente a *em que*. Exemplo: *Época boa era aquela, quando todos andavam tranquilos pelas ruas.*
Quanto	O antecedente dá ideia de *quantidade*. Normalmente precedido de um pronome indefinido (tudo, tanto(s), todos, todas). Exemplo: *Leve tantos quanto quiser.*
Cujo(s) Cuja(s)	O mais especial de todos; liga dois substantivos indicando ideia de posse (entre os substantivos, haveria uma preposição *de*). Exemplo: *O rapaz cuja mãe faleceu recentemente procurou por você.* (mãe do rapaz faleceu – o rapaz cuja mãe faleceu); concorda com o substantivo subsequente, flexionando-se em gênero e número, e dispensa o artigo (não existe *cujo o* ou *cuja a*).

■ PRONOMES DEMONSTRATIVOS

O uso do pronome demonstrativo obedece às seguintes circunstâncias:

■ Situação no espaço

1. Emprega-se *este(a)/isto* quando o termo referente estiver *próximo ao emissor*, ou seja, de quem fala ou redige.

Exemplos:
Este *departamento* solicita dispensa de licitação.
Este *relatório* trata da sindicância realizada em julho.

2. Emprega-se *esse(a)/isso* quando o termo referente estiver *próximo ao receptor*, ou seja, a quem se fala ou para quem se redige.
Exemplos:
Solicito esclarecimentos a esse ministério sobre irregularidades no contrato.
Encaminhamos os documentos a essa coordenação para que sejam tomadas as providências necessárias.

3. Emprega-se *aquele(a)/aquilo* quando o termo referente estiver *distante tanto do emissor quanto do receptor* da mensagem.
Exemplos:
O Ministério Público já apurou irregularidades ocorridas naquela *fundação*.
Informamos que a documentação foi encaminhada àquele *departamento*.

■ **Situação no tempo**

1. Emprega-se *este(a)* para referir-se ao tempo *presente*.
Exemplos:
O acordo foi assinado nesta *semana (na semana presente)*.
Os deputados serão eleitos neste *ano (no ano presente)*.

2. Emprega-se *esse(a)* para se referir ao tempo *passado*.
Exemplos:
As provas foram aplicadas nesse *fim de semana*.
Estive no Senado na semana e verifiquei nessa *ocasião que programas tinham sido debatidos*.

3. Emprega-se *aquele(a)/aquilo* em relação a um tempo *passado mais longínquo* ou histórico.
Exemplos:
Naquela *época, a inflação do País era maior*.
Brasília foi construída há mais de cinquenta anos. Naquela *ocasião, não havia tanto trânsito*.

■ **Situação no texto**

1. Usa-se *este(a)/isto* para introduzir referência que, no texto, ainda será mencionada.
   Exemplos:
   O diretor iniciou o discurso com esta informação: a partir de amanhã, o uso do crachá será obrigatório.
   Para se cadastrar no Programa do Governo, os interessados deverão apresentar estes documentos: identidade e comprovante de renda.
2. Usa-se *este(a)* para se referir ao próprio texto.
   Exemplos:
   As regras apresentadas neste manual podem ser usadas para outros documentos.
   Esta *ata estará disponível em nosso sítio eletrônico.*
3. Emprega-se *esse(a)/isso* quando a informação já foi mencionada no texto.
   Exemplos:
   Nós já discutimos sobre as falhas na execução do Projeto. Esses fatos (as falhas no Projeto) causaram grandes prejuízos.
   O ofício já está pronto. Esse documento trata da nomeação dos novos servidores.

Quadro 8 – Verbos com dois particípios

1ª Conjugação	Particípio regular	Particípio irregular
Verbo	Ter/haver	Ser/estar
Aceitar	Aceitado	Aceito
Entregar	Entregado	Entregue
Expressar	Expressado	Expresso
Expulsar	Expulsado	Expulso
Isentar	Isentado	Isento
Matar	Matado	Morto
Salvar	Salvado	Salvo

2ª Conjugação	Particípio regular	Particípio irregular
Verbo	Ter/haver	Ser/estar
Acender	Acendido	Aceso
Eleger	Elegido	Eleito
Prender	Prendido	Preso
Suspender	Suspendido	Suspenso
3ª Conjugação	Particípio regular	Particípio irregular
Verbo	Ter/haver	Ser/estar
Extinguir	Extinguido	Extinto
Imprimir	Imprimido	Impresso
Restringir	Restringido	Restrito
Submergir	Submergido	Submerso

Ganhar, gastar, pegar e *pagar*: as formas irregulares podem ser usadas com os auxiliares ser, estar, ter e haver; as formas regulares, somente com ter e haver (Quadro 9):

Quadro 9 – Particípios definidos pelos verbos auxiliares

	Particípio regular	Particípio irregular
Verbo	Ter/haver	Ter/haver/ser/estar
Ganhar	Ganhado	Ganho
Gastar	Gastado	Gasto
Pegar	Pegado	Pego
Pagar	Pagado	Pago

Trazer e *chegar*, na norma-padrão, apresentam apenas o particípio regular: trazido e chegado.

Abrir, cobrir e *escrever* apresentam particípios irregulares: aberto, coberto, escrito.

■ VÍRGULA

Nunca deve ser usada para:

1. Separar sujeito do predicado.
   Exemplo de *erro*:
   O aumento exagerado das tarifas públicas, deve ser controlado pelo governo.
2. Separar o verbo dos complementos.
   Exemplo de *erro*:
   As igrejas distribuíram cestas de alimentos, aos flagelados.
   Exemplo de *erro*:
   Os sindicatos apresentaram, uma lista de reivindicações.
3. Separar a oração principal da subordinada substantiva.
   Exemplo de *erro*:
   Os professores universitários esperam ansiosos, que o governo aprove o aumento de seus salários.

É usada para:

1. Separar elementos de função sintática idêntica.
   Exemplo: *Simplicidade, clareza, concisão, objetividade são qualidades da redação.*
2. Destacar elementos intercalados na frase.
   Exemplo: *O processo, de acordo com o relator, deveria ir logo a julgamento.*
3. Destacar adjuntos adverbiais deslocados para o início da frase.
   Exemplo: *No princípio de julho, o Congresso deverá se reunir em sessão extraordinária.*
4. Separar orações coordenadas.
   Exemplo: *O governo aceitou o pedido, porém impôs condições.*
5. Indicar omissão ou elipse do verbo ou de um grupo de palavras.
   Exemplo: *O decreto regulamenta os casos gerais; a portaria, os particulares.*
6. Isolar orações subordinadas adjetivas explicativas.
   Exemplo: *Os deputados, que são os representantes do povo, deveriam ser os primeiros a darem o exemplo. (explicativa)*

7. Isolar orações subordinadas adjetivas restritivas – *Não se utiliza vírgula.*
Exemplo: *Os deputados que são contra o aborto desistiram de votar o Projeto.* (restritiva)

■ PONTO E VÍRGULA

Sinal intermediário entre a vírgula e o ponto, o ponto e vírgula (;) indica uma pausa mais sensível que a vírgula e menos que o ponto. É empregado:

1. Para separar partes de um período que já tenha elementos separados por vírgula(s).
Exemplo:
No dia 10, estavam presentes no plenário 490 deputados; no dia 12, 510.
2. Para separar os itens de uma enumeração, sobretudo quando precedidos de letras ou números. Esta é a praxe, por exemplo, dos atos normativos em relação aos incisos, alíneas e itens:
Exemplo:
"Art. 96. Os veículos classificam-se em:
II - quanto à espécie:
a) de passageiros:
1 - bicicleta;
2 - ciclomotor;
3 - motoneta; [...]." (Código de Trânsito Brasileiro)

■ DOIS-PONTOS

Os dois-pontos (:) marcam uma pausa repentina e indicam que a frase não está concluída. São empregados:

1. Para introduzir uma citação.
   Exemplo:
   O leiloeiro bateu o martelo e declarou: "Arrematada a mercadoria!"
2. Para introduzir uma enumeração.
   Exemplo:
   Votaram-se duas emendas: a aglutinativa e a modificativa.
3. Para introduzir uma explicação, uma complementação ou uma conclusão.
   Exemplos:
   O Brasil respira aliviado: a inflação galopante foi debelada.
   Existe apenas uma saída: recorrer à Mesa.

■ TRAVESSÃO

O travessão (–), traço que se distingue do hífen (-) por ser mais comprido, é usado para:

1. Indicar, nos diálogos, a fala dos interlocutores:
   Exemplos:
   – Questão de Ordem, presidente.
   – Concedida a palavra, deputado.
2. Isolar termos ou orações no interior de um período, caso em que deve ser usado duplamente, à semelhança dos parênteses:
   Exemplo:
   A Região Sudeste – Rio de Janeiro, São Paulo, Minas Gerais e Espírito Santo – é a que possui a maior densidade demográfica do País.
   Observação: o sinal de pontuação (no exemplo, a vírgula) que se poria antes do primeiro travessão transfere-se para depois do segundo.

Exemplo:
Quando a cidade era apenas um povoado – hoje ela é quase uma metrópole –, os Cavalos pastavam livremente em suas ruas (não: *Quando a cidade era apenas um povoado, – hoje ela...).

3. Dar realce a uma explicação, complementação ou conclusão (neste caso, substitui os dois-pontos):
   Exemplo:
   Trabalham todos em prol do mesmo objetivo – a reforma do Estado.

■ PARÊNTESES

Os parênteses (( )) são utilizados para isolar palavras, expressões ou frases intercaladas no período ou a ele justapostas.

Servem assim para:

1. Incluir uma reflexão ou um comentário incidental.
   Exemplos:
   A situação (tinha consciência disso) exigia dele pulso firme.
   Proferiu o discurso (quando lhe foi concedida a oportunidade) e defendeu com brilhantismo a proposta.
2. Para encaixar uma explicação, um esclarecimento, uma definição ou um exemplo.
   Exemplo:
   Os países que fazem parte do Mercosul (Brasil, Argentina, Paraguai e Uruguai) vêm intensificando suas trocas comerciais.
3. Indicar a fonte (autor, bibliografia etc.) do que se afirma ou transcreve.
   Exemplo:
   "Progresso é a realização de utopias." (Oscar Wilde).

■ PALAVRAS QUE COSTUMAM GERAR DÚVIDAS DE GRAFIA OU SENTIDO NA REDAÇÃO OFICIAL

A e HÁ

O verbo haver é usado em expressões que indicam tempo já transcorrido.

>Exemplo:
>*Tais fatos aconteceram* há *dez anos.*

Nesse sentido, é equivalente ao verbo fazer.

>Exemplo:
>*Tudo aconteceu* faz *dez anos.*

A preposição *a* surge em expressões em que a substituição pelo verbo fazer é impossível.

>Exemplo:
>*O lançamento do satélite ocorrerá daqui* a *duas semanas.*
>*Partiriam dali* a *duas horas.*

MAS e MAIS

Mas é uma conjunção adversativa, equivalendo a *porém, contudo, entretanto.*

>Exemplos:
>*Tentou,* mas *não conseguiu.*
>*O país parece ser viável,* mas *não consegue sair do subdesenvolvimento.*

Mais é pronome ou advérbio de intensidade, opondo-se normalmente a menos.

>Exemplos:
>*Ele foi quem* mais *tentou; ainda assim, não conseguiu.*
>*É um dos países* mais *miseráveis do planeta.*

AO ENCONTRO DE e DE ENCONTRO A

Para não confundir essas expressões, observe o seguinte: *ao encontro de* indica *ser favorável a, aproximar-se de*.

> Exemplos:
> *Ainda bem que sua posição veio* ao encontro *da minha. Pudemos, assim, unir nossas reivindicações.*
> *Quando a viu, foi rapidamente* ao seu encontro *e a abraçou afetuosamente.*

De encontro a indica oposição, choque, colisão.

> Exemplo:
> *Como você queria que eu o ajudasse se suas opiniões sempre vieram* de encontro às *minhas? Nós pertencemos a mundos diferentes.*
> *O caminhão foi* de encontro ao *muro, derrubando-o.*

ACERCA DE, HÁ CERCA DE, CERCA DE

Acerca de significa *sobre, a respeito de*.

> Exemplo:
> *Haverá uma palestra* acerca das *consequências.*

Há cerca de indica um período aproximado de tempo já transcorrido.

> Exemplo:
> *Os primeiros colonizadores surgiram* há cerca de *quinhentos anos.*

Cerca de indica distância aproximada.

> Exemplo:
> *A chácara fica* cerca de *25 metros daqui.*

AFIM e A FIM

Afim é um adjetivo que significa *igual, semelhante*. Relaciona-se com a ideia de afinidade.

> Exemplos:
> *Tiveram comportamentos* afins *durante os trabalhos de discussão.*
> *São espíritos* afins.

A fim surge na locução *a fim de*, que significa *para* e indica ideia de finalidade.

> Exemplo:
> *Tentou se mostrar capaz de inúmeras tarefas* a fim *de nos enganar.*

SENÃO e SE NÃO

Senão equivale a *caso contrário* ou *a não ser*.

> Exemplos:
> *É bom que ele chegue a tempo,* senão *não haverá como ajudá-lo.*
> *Não fazia coisa alguma* senão *criticar.*

Se não surge em orações condicionais. Equivale a *caso não*.

> Exemplo:
> Se não *houver seriedade, o país não sairá da situação melancólica em que se encontra.*

NA MEDIDA EM QUE e À MEDIDA QUE

Na medida em que exprime relação de causa e equivale a *porque, já que, uma vez que*.

> Exemplos:
> *O fornecimento de combustível foi interrompido* na medida em que *os pagamentos não vinham sendo efetuados.*
> Na medida em que *os projetos foram abandonados, a população carente ficou entregue à própria sorte.*

À medida que indica proporção, desenvolvimento simultâneo e gradual. Equivale a *à proporção que*.

> Exemplos:
> *Os verdadeiros motivos da renúncia foram ficando claros* à medida que *as investigações iam obtendo resultados.*
> *A ansiedade aumentava* à medida que *o prazo fixado ia chegando ao fim.*

Deve-se evitar a forma *à medida em que*, resultante do cruzamento das duas locuções estudadas.

AO NÍVEL DE e EM NÍVEL (DE)

A locução *ao nível* tem o sentido de *à mesma altura de*.
> Exemplo:
> *Fortaleza localiza-se* ao nível *do mar.*
> (Evite seu uso com o sentido de *em nível, com relação a, no que se refere a.*)

Em nível significa *nessa instância*.

> Exemplos:
> *A decisão foi tomada* em nível *ministerial.*
> Em nível *político, será difícil chegar-se ao consenso.*

A nível (de) constitui modismo que não se deve utilizar.

EM VEZ DE e AO INVÉS DE

Ao invés de significa *ao contrário de*.

> Exemplo:
> Ao invés de *rir, ela chorou.*

Em vez de significa *em lugar de*.

> Exemplos:
> Em vez de *contratar uma, o gerente contratou duas recepcionistas.*
> Errado: *Paula,* ao invés de *Márcia, foi indicada para o cargo de secretária.*
> Certo: *Paula,* em vez de *Márcia, foi indicada para o cargo de secretária.*

TODO ou TODO O

Todo, sem artigo, significa *qualquer*; com artigo (*todo o*), *inteiro*.

> Exemplos:
> Todo o arquivo *(= o arquivo inteiro) foi afetado pela água da chuva.*
> Todo *(= qualquer) funcionário precisa desenvolver seu profissionalismo.*
> Errado: Todo o *funcionário que chegar atrasado será advertido pelo chefe.*
> Certo: Todo *funcionário que chegar atrasado será advertido pelo chefe.*

Exercícios relacionados aos conteúdos apresentados no livro

1. **Substitua a palavra *mesmo* por um sinônimo que represente o termo retomado:**

    a) A secretária redigiu um despacho, um ofício e uma ata. Espero que os **mesmos** possam agradar ao chefe.

    b) Houve muitos argentinos visitando o Brasil no verão passado. Espero que os **mesmos** tenham deixado um bom dinheiro aqui.

    c) O Ministério importou do Japão novos microcomputadores e impressoras a laser. Espero que os **mesmos** sejam encaminhados para o gabinete.

    d) O presidente do Sindicato dos Trabalhadores foi convidado para assumir a pasta do Trabalho. O **mesmo** ainda não respondeu ao convite.

    e) A instrutora pediu que os treinandos do Itamaraty redigissem alguns documentos. Os **mesmos** ficaram um pouco confusos no início da tarefa.

    f) Doou em vida seu coração. Espero que o **mesmo** possa salvar uma vida.

    g) O Ministério Público processará alguns políticos por corrupção. Agora caberá aos **mesmos** defenderem-se da acusação.

2. **Você escreve bem quando encontra a palavra mais adequada para o contexto. Muitas vezes, por comodidade, usamos termos de sentido genérico, que não são capazes de passar ao leitor a noção exata do que desejamos transmitir. Nas frases a seguir, busque palavras de sentido mais específico que o das destacadas.**

    a) **Tem** cinco anos que não o vejo.

    b) A secretária **teve** uma linda criança.

    c) **Deu** parecer favorável à compra do imóvel.

    d) **Fiz** treze pontos na loteria.

3. **Observe a importância dos elementos de coesão nas frases. Junte as ideias usando palavras de ligação. A pontuação e o tempo do verbo, em alguns casos, deverão ser mudados.**

   a) O embaixador compareceu à reunião. O embaixador manifestou o interesse de seu governo no assunto.
   b) Informarei o secretário sobre a evolução dos acontecimentos. Ele guarda sigilo daquilo que ouve.
   c) As taxas de juros aumentavam. A inflação crescia.
   d) A indignação foi tanta. Produziu seguidas manifestações de rua. Tivemos de sair correndo. A situação ficou difícil. Será que os brasileiros são maiores que a crise?
   e) A maior parte das informações são técnicas. Este relatório está claro.

4. **Ao redigir um documento técnico, você deve ter convicção das informações transmitidas. Exercite essa qualidade nas frases abaixo:**

   a) Talvez a divulgação deste projeto pudesse ser atribuída ao Departamento de Recursos Humanos.
   b) Provavelmente daremos início às reuniões por volta do segundo semestre e, possivelmente, terminaremos no fim do ano.
   c) Imagino que possamos mudar o fórum de debates para o Nordeste por volta de outubro, pois presumo que até lá poderemos estar com uma razoável demanda de inscrições.
   d) O plano de gestão é um excelente instrumento estratégico, salvo melhor juízo, desde que seja divulgado no órgão.
   e) Nas condições atuais, pouca dúvida deve haver de que a demissão do servidor suspeito de ter cometido o ilícito administrativo talvez seja a atitude legal, diante das conclusões da comissão de processo administrativo disciplinar.

5. **Abaixo há a narração de um fato que ocorreu no centro de Maceió. Observe que a narração não é imparcial, atacando os manifestantes. Você deverá narrar o mesmo fato, porém defendendo-os.**

   Revoltados porque a Prefeitura resolveu retirá-los do centro da cidade, camelôs fizeram ontem manifestação agressiva, destruindo vitrines de lojas e tumultuando o centro da cidade, inclusive ferindo transeuntes. A polícia foi obrigada a agir para evitar tumulto maior.

6. **As frases abaixo estão inadequadas aos documentos oficiais, que devem prezar pela correção textual. Identifique quais são essas questões:**

   a) Solicitamos, através deste, maiores esclarecimentos a cerca de...
   b) Cumprindo esclarecer que a solenidade está marcada para às 14 hrs.
   c) Tratam-se de contratos onde as cláusulas contêm graves imprecisões.
   d) Constatou-se irregularidades na documentação que foram imprimidas para subsidiar a decisão.
   e) Segue as informações sobre o programa solicitada.
   f) Envio anexo, as propostas do curso in company.

7. **Na redação moderna, um dos defeitos mais comuns é o da tautologia, que consiste na repetição desnecessária de termos expressando a mesma ideia. Procure identificar os trechos redundantes, reescrevendo a seguir novas versões dos textos abaixo:**

   Em resposta à carta-solicitação datada de 20/02/2022, através da qual o cliente solicita empréstimo temporário para capital de giro, temos a informar que não estamos, no momento, inteiramente capacitados a atendê-lo uma vez que operações de crédito se encontram suspensas.

   Cabe ressaltar que há sintomas indicativos de que as mesmas serão reabertas no próximo mês, desaparecendo de vista quaisquer impedimentos para obtenção do numerário em questão.

8. Julgue verdadeiros ou falsos os itens a seguir, com base na redação de documentos oficiais:

a) ( ) Em uma frase, pode-se dizer que redação oficial é a maneira pela qual o poder público redige atos normativos e comunicações.

b) ( ) A redação oficial deve caracterizar-se pela impessoalidade, uso do padrão culto de linguagem, clareza, concisão, formalidade e uniformidade.

c) ( ) Ofício é a forma de correspondência com outros órgãos e repartições oficiais.

d) ( ) As comunicações que partem dos órgãos públicos federais devem ser compreendidas por todo e qualquer cidadão brasileiro. Para atingir esse objetivo, há que evitar o uso de uma linguagem restrita a determinados grupos.

e) ( ) Não se concebe que um ato normativo de qualquer natureza seja redigido de forma obscura, que dificulte ou impossibilite sua compreensão. A transparência do sentido dos atos normativos, bem como sua inteligibilidade, são requisitos do próprio Estado de Direito: é inaceitável que um texto legal não seja entendido pelos cidadãos. A publicidade implica, pois, necessariamente, clareza e concisão.

f) ( ) O tratamento para particular é *Ilustríssimo Senhor*.

g) ( ) É opcional o uso da vírgula no vocativo e no fecho nos Ofícios.

h) ( ) A forma Digníssimo (DD) foi abolida no tratamento às autoridades, porque dignidade é pressuposto para que se ocupe qualquer cargo público, sendo desnecessária sua repetida evocação em expedientes oficiais.

i) ( ) A linguagem técnica deve ser empregada apenas em situações que a exijam, devendo-se evitar o seu uso indiscriminado.

j) ( ) Na revisão de um expediente, deve-se avaliar se ele será de fácil compreensão por seu destinatário.

k) ( ) Existe adequadamente um *padrão oficial de linguagem*, independentemente do padrão culto nos atos e comunicações oficiais.

9. **Julgue verdadeiros ou falsos os itens a seguir, com base na elaboração de e-mails profissionais:**

   a) ( ) O correio eletrônico, por seu baixo custo e celeridade, transformou-se na principal forma de comunicação.

   b) ( ) Clareza, concisão e as regras da gramática formal devem ser observadas.

   c) ( ) Um dos atrativos da comunicação por correio eletrônico é sua flexibilidade. Entretanto, deve-se evitar o uso de linguagem incompatível com uma comunicação profissional.

   d) ( ) Em um e-mail, deve-se ser objetivo e devem ser evitados termos que gerem duplo sentido.

   e) ( ) A linguagem deve ser formal, impedindo que eventuais confusões, geradas pelo uso de um tratamento mais íntimo, aconteçam.

   f) ( ) Não se deve falar mal da instituição ou de colegas em nenhuma situação. Esse tipo de comportamento pode provocar sérios problemas. Como a comunicação por e-mail se dá por escrito, não haverá como o emissor alegar que não era bem o que queria dizer.

   g) ( ) O e-mail utilizado no trabalho é de propriedade da instituição, que pode monitorá-lo sempre que necessário.

   h) ( ) Em um e-mail profissional que circulará dentro da instituição, não é necessária a identificação com o nome, a função e os contatos do emissor, uma vez que essa informação é conhecida internamente.

   i) ( ) O campo *Assunto* é um dos fatores determinantes da abertura e leitura do e-mail. Deve ser preenchido de modo a facilitar a organização, tanto para o destinatário quanto para o remetente, e deve apresentar o sentido principal da mensagem.

   j) ( ) A mensagem que encaminha algum arquivo deve trazer informações mínimas sobre seu conteúdo.

   k) ( ) Não há problemas em se utilizar o e-mail para tratar de assuntos pessoais, como problemas médicos ou familiares, desde que se adote, ao final, o seguinte texto: "Esta mensagem é enviada exclusivamente a seu(s) destinatário(s) e pode conter informações confidenciais, protegidas por sigilo profissional. Sua utilização desautorizada é ilegal e sujeita o infrator às penas da lei".

l) ( ) Em um correio eletrônico, as regras gramaticais continuam valendo, assim como as normas de boa conduta, etiqueta social e ética profissional.

10. Observe os trechos abaixo e verifique se a linguagem e/ou o teor do texto são mais adequados a um documento de comunicação (C) ou a um documento técnico (T):

a) ( ) Considerando que os incisos I e II, do art. 1º, da Lei Complementar n. 90, de 1º de outubro de 1997, estabelecem que cabe ao Presidente da República permitir que forças estrangeiras transitem pelo território nacional ou nele permaneçam temporariamente, submeto o assunto à apreciação de Vossa Excelência, no sentido de obter a necessária autorização de sobrevoo e pouso das mencionadas aeronaves no país.

b) ( ) Verifica-se que o resultado dos trabalhos vem atendendo às necessidades do Ministério.

c) ( ) ESTE DOCUMENTO quadrimestral, elaborado pela Comissão Desportiva, tem a finalidade de manter atualizada a Secretaria de Organização Institucional (Seori), sobre o desenvolvimento de suas atividades, oferecendo subsídios para a análise e o aprimoramento de suas ações de planejamento.

d) ( ) Enviamos a documentação anexa para análise e providências no sentido de nomear os servidores aprovados no concurso público de provas e títulos.

e) ( ) ESTE DOCUMENTO tem a finalidade de analisar a proposta de Portaria Interministerial a ser celebrada entre os Ministérios D e E, com o objetivo de realçar os vínculos de parceria e colaboração entre os dois Órgãos componentes do Comitê Q, criado por Decreto do Poder Executivo, de 9 de junho de 2021.

f) ( ) Comunicamos a aprovação do Projeto, conforme proposto pela Superintendência de Recursos Humanos.

g) ( ) Ante o exposto, esta Seção retorna o assunto à consideração da Secretaria-Geral da Presidência, ressaltando ser necessária, se deferido o pedido, a dispensa do servidor Alexandre dos Santos da função que atualmente exerce.

11. Analise os trechos abaixo e verifique se, pelo teor do texto, o documento é informativo (I), reativo (R) ou conclusivo (C):

a) ( ) Esta coordenadoria tem interesse na prorrogação do Contrato n. 17/2022 até 30/6/2022, por considerá-la vantajosa e conveniente à administração.

b) ( ) Diante do exposto, encaminhamos os autos à consideração superior, sugerindo que seja efetivada a contratação do Instituto dos Auditores Internos do Brasil, por inexigibilidade de licitação, com base no artigo 25, II, c/c art. 13, VI, da Lei n. 8.666/93.

c) ( ) Dessa forma, a importância total devida à servidora NÚMERO 2, no período compreendido entre 12/3 a 24/4/2022, é de R$ 7.573,25 (sete mil, quinhentos e setenta e três reais e vinte e cinco centavos), conforme tabela à fl. 6, contendo a discriminação mensal dos valores.

d) ( ) Devem ser reavaliados pavimentos com cargas especiais como: cobertura (futuro heliporto), sala cofre, laje de acesso de caminhão de bombeiros etc.

e) ( ) Recomenda-se a contratação de consultoria em engenharia civil, especializada em estrutura, fundações e geotecnia para análise geral do projeto de fundações e estruturas.

12. Faça a concordância verbal adequada a textos oficiais:

a) Se _____ dúvidas, favor perguntar. (houver/houverem)
b) _____ fazer cinco anos que ingressei no serviço público. (Vão/Vai)
c) Um grande número de estados _____ a Resolução da ONU. (aprovaram/aprovou)
d) Metade dos deputados _____ as medidas. (repudiou/repudiaram)
e) Trinta por cento _____ de votar. (absteu-se/abstiveram-se)
f) Um por cento da população _____ indecisa. (está/estão)
g) Mais de um candidato _____ (foi avaliado/foram avaliados)
h) Vossa Senhoria _____ corretamente. (agiu/agiste)
i) Hoje _____ vinte de agosto. (é/são)
j) _____ oito horas. (É/São)
k) _____ um minuto para as três. (É/São)
l) _____ vários diretores nesta instituição. (Existe/Existem)
m) Interrogamos as pessoas que _____ o fato. (presenciou/presenciaram).
n) João ou Antônio _____ o próximo chefe da seção. (será/serão)
o) O tesoureiro ou o contador _____ assinar esses documentos. (pode/podem)
p) _____ haver boas leis, assim como _____ existir maus legisladores. (deve/devem)
q) Somos nós que _____ (pagamos/ paga)
r) Somos nós quem _____ (pagamos/ paga)
s) O bando de marginais _____ as crianças. (atacou/atacaram)
t) Os Andes _____ parte da América do Sul. (corta/cortam).
u) Cerca de trinta por cento das indústrias _____ lucro. (alcançou/alcançaram)
v) _____ o coordenador e sua equipe. (Chegou/Chegaram)
w) O técnico e o superintendente _____ a nota técnica. (assinou/assinaram)

x) _____ (Trata-se/Tratam-se) de análises de solicitações formuladas pela diretoria de Auditoria acerca da intimação do Tribunal de Justiça do Distrito Federal para a diretora do departamento comparecer à Sétima Vara da Fazenda Pública na condição de testemunha em ação movida pela empresa X.

y) _____ (Verifica-se/Verificam-se) danos ao Erário, com base no art. 186 do Código Civil. Assim _____ (sugere-se/sugerem-se) que os autos sejam encaminhados ao Departamento de Controle e Correição.

z) Após a análise dos processos, _____ (constata-se/constatam-se) irregularidades na aplicação da lei.

13. **Faça a concordância com as palavras entre parênteses:**

a) O tribunal expediu orientação aos órgãos e entidades _____ a respeito do assunto. (jurisdicionados/jurisdicionadas)

b) Até hoje, somente 1,5 _____ (milhão/milhões) de contribuintes _____ (entregou/entregaram) a Declaração de Imposto de Renda.

c) Apenas 2,4 _____ (milhão/milhões) de participantes assinaram a proposta.

d) Havia apenas um relatório e uma nota técnica _____ (prontos/prontas)

e) É _____ entrada de estrangeiros. (proibido/proibida)

f) As receitas seguem _____ (em anexas/em anexo/anexas)

g) O documento vai _____ (incluso /inclusos)

h) Os documentos vão _____ (incluso /inclusos)

i) Ela _____ entregou o requerimento. (mesmo/mesma)

j) Muito _____ respondeu a menina. (obrigado/obrigada)

k) Havia _____ pessoas na reunião. (menos/menas)

l) Ela andava _____ preocupada com o resultado. (meio/meia)

m) _____ a certidão e o recibo. (Anexo/Em anexo/Anexa)

n) É _____ a sua participação. (necessário/necessária)

14. Use a forma adequada dos particípios dos verbos nas orações abaixo:

a) Eu tinha _____ muito dinheiro no ano passado. (ganhar)
b) Eu já tinha _____ a Declaração de Imposto de Renda. (entregar)
c) Os dados do relatório já foram _____ (imprimir)
d) O chefe já havia _____ quando o telefone tocou. (chegar)
e) Você não tinha _____ o parecer que eu lhe pedi? (escrever)
f) A coordenadora já havia _____ a sala quando os alunos chegaram. (abrir)
g) O diretor tinha _____ os documentos na semana passada. (pegar)
h) Antes do fim do mês, ela já tinha _____ todo o pagamento. (gastar)
i) Ela não tinha _____ o livro naquele dia. (trazer)

15. Nas frases a seguir, julgue se a regência verbal está de acordo com a norma-padrão:

a) ( ) Obedeceu rigorosamente ao horário de trabalho.
b) ( ) Ao assinar o contrato, o empregado visou apenas ao lucro pretendido.
c) ( ) Preferiu elaborar o relatório que a nota técnica.
d) ( ) Um novo congelamento de salários implicará reação dos trabalhadores.
e) ( ) Pelo que diz o assessor, isso implica em gastar mais dinheiro.
f) ( ) Lembrou o chefe que o Ofício ainda não estava assinado.
g) ( ) Informamos Vossa Senhoria que o prazo para entrega da documentação já está expirado.
h) ( ) A nova forma de atendimento da secretaria não está agradando ao público.
i) ( ) Os servidores esqueceram que teriam que fazer exames médicos no dia 1º.
j) ( ) Os interessados em participar da licitação deverão chegar no Ministério às 8h.

16. Nas frases abaixo, use a crase, se necessário:

a) Compareci a cerimônia de posse do governador.
b) Para mais informações, dirija-se a diretoria.
c) Refiro-me a coordenação de Recursos Humanos.
d) Enviarei tudo a Vossa Senhoria.
e) Solicito providências a Diofi (Divisão Orçamentária e Financeira).

17. Complete com o pronome demonstrativo adequado:

a) Aqui _____ (neste, nesse) departamento, há muitos servidores da área jurídica.
b) Estive no Senado, na semana passada, e verifiquei _____ (nesta, nessa) ocasião que programas estavam sendo debatidos.
c) Guarde bem _____ (isto, isso) que eu vou dizer: os vaidosos são vulneráveis.
d) _____ (Este, Esse) relatório que estamos redigindo não está tão claro quanto _____ (este, aquele).
e) Convidamos Vossa Senhoria a comparecer ao departamento de crédito _____ (desta, dessa) empresa a fim de tratar de assunto de seu interesse.
f) Há duas semanas, estivemos em campanha política. _____ (Nestes, Nesses) dias, ninguém admitia a derrota.
g) Para compras a crédito, o cliente deve apresentar _____ (estes, esses) documentos: Carteira de Identidade, CPF e comprovante de renda.
h) A mulher é mais tolhida socialmente que o homem. _____ (A este, àquele) se permitem direitos que se negam _____ (a esta, àquela).
i) O grupo se reuniu de julho a setembro. _____ período, todas as decisões foram tomadas (Neste, Nesse).
j) Por _____ razões mencionadas, sou favorável ao parecer do redator (estas, essas).

18. **Use a pontuação adequada:**

a) A democracia embora imperfeita ainda é o melhor sistema de governo.

b) O ano foi difícil porém não me queixo.

c) Aristóteles o grande filósofo foi o criador da lógica.

d) Às vezes procura assistência outras toma a iniciativa.

e) O ex-governador do Distrito Federal Agnelo Queiróz defendeu sua posição no assunto.

f) O presidente do Banco Central desejou sucesso aos servidores recém-empossados.

g) Encaminhamos para conhecimento dessa superintendência o relatório de auditoria.

h) O ex-ministro dos Esportes Orlando Silva respondeu às denúncias de irregularidade em sua pasta.

i) Os acusados de corrupção no Ministério da Agricultura foram afastados do cargo pelo presidente da República.

j) A nota técnica que trata sobre o curso de Língua Portuguesa foi encaminhada ao diretor.

▪ GABARITO DOS EXERCÍCIOS

1. **Substitua a palavra *mesmo* por um sinônimo que represente o termo retomado.**

    a) documentos, expedientes

    b) estrangeiros, turistas

    c) equipamentos

    d) representante, líder

    e) participantes, alunos/documentos ou expedientes (Nesse caso, a substituição do "mesmo" é necessária para também eliminar a ambiguidade: não se sabe se os textos ficaram confusos ou os alunos.)

f) órgão/ato/gesto/doador (Aqui também elimina-se a ambiguidade: não é possível precisar se o redator quis fazer referência ao ato de doar, à pessoa do doador ou ao órgão doado, o coração.)
g) indiciados, citados

2. Você escreve bem quando encontra a palavra mais adequada para o contexto. Muitas vezes, por comodidade, usamos termos de sentido genérico, que não são capazes de passar ao leitor a noção exata do que desejamos transmitir. Nas frases a seguir, busque palavras de sentido mais específico que o das destacadas.

    a) há, faz
    b) deu à luz
    c) emitiu
    d) acertei

3. Observe a importância dos elementos de coesão nas frases. Junte as ideias usando palavras de ligação. A pontuação e o tempo do verbo, em alguns casos, deverão ser mudados.

    a) Sugestões:
    O embaixador compareceu à reunião **e** manifestou o interesse de seu governo no assunto. (*ideia de adição*)
    O embaixador compareceu à reunião, **porque** manifestou o interesse de seu governo no assunto. (*ideia de causa*)
    O embaixador compareceu à reunião, **quando** manifestou o interesse de seu governo no assunto. (*ideia de tempo*)
    O embaixador compareceu à reunião **para** manifestar o interesse de seu governo no assunto. (*ideia de finalidade*)
    b) Sugestões:
    Informarei o secretário sobre a evolução dos acontecimentos, **porque** ele guarda sigilo daquilo que ouve. (*ideia de causa*)
    Informarei o secretário sobre a evolução dos acontecimentos, **se** ele guardar sigilo daquilo que ouve. (*ideia de condição*)

Informarei o secretário sobre a evolução dos acontecimentos, **no entanto** ele guarda sigilo daquilo que ouve. (*ideia de adversidade*: esperava-se que o secretário não guardasse sigilo)

Informarei o secretário sobre a evolução dos acontecimentos, **no entanto** ele **não** guarda sigilo daquilo que ouve. (*ideia de adversidade*: esperava-se que o secretário guardasse sigilo)

c) Sugestões:

As taxas de juros aumentavam **e** a inflação crescia. (*ideia de adição*)

As taxas de juros aumentavam, **logo** a inflação crescia. (*ideia de consequência*)

As taxas de juros aumentavam, **à medida que** a inflação crescia. (*ideia de proporcionalidade* = à proporção que)

As taxas de juros aumentavam, **na medida em que** a inflação crescia. (*ideia de causa* = porque)

As taxas de juros aumentavam, **porém** a inflação crescia. (*ideia de adversidade*: o Banco Central aumenta as taxas de juros para a inflação diminuir, no entanto não acontecia o previsto)

d) Sugestões:

A indignação foi tanta que produziu seguidas manifestações de rua (*consequência*) e tivemos de sair correndo (*adição*), porque a situação ficou difícil (*causa*). A propósito, será que os brasileiros são maiores que a crise? (*resumo*)

A indignação foi tanta, logo produziu seguidas manifestações de rua (*consequência*). Assim, tivemos de sair correndo (*conclusão*) quando a situação ficou difícil (*tempo*). Afinal, será que os brasileiros são maiores que a crise? (*resumo*)

A indignação foi tanta e produziu seguidas manifestações de rua (*adição*), logo tivemos de sair correndo (*consequência*), assim que a situação ficou difícil (*tempo*). No entanto, os brasileiros são maiores que a crise (*adversativa*).

e) Sugestões:

A maior parte das informações são técnicas, **mas** este relatório está claro. (*ideia de oposição*: embora sejam informações técnicas, é possível compreender o relatório.)

A maior parte das informações são técnicas, **por isso** este relatório está claro. (*ideia de causa*: é possível compreender o relatório, porque as informações são técnicas.)

A maior parte das informações são técnicas **e** este relatório está claro. (*ideia de adição*)

Observação: o mais importante neste exercício é notar que, dependendo do elemento de coesão, o sentido do texto pode ser totalmente modificado.

4. **Ao redigir um documento técnico, você deve ter convicção das informações transmitidas. Exercite essa qualidade nas frases abaixo:**

   a) A divulgação deste projeto deverá ser atribuída ao Departamento de Recursos Humanos.

   b) Iniciaremos as reuniões no segundo semestre (em agosto) e terminaremos no fim do ano (em dezembro).

   c) Mudaremos o fórum de debates para o Nordeste em outubro, pois até lá deveremos estar com suficiente demanda de inscrições.

   d) O plano de gestão é um excelente instrumento estratégico desde que seja divulgado no órgão.

   O plano de gestão é um excelente instrumento estratégico e deverá ser divulgado no órgão.

   e) Diante das conclusões da comissão de processo administrativo disciplinar, a demissão do servidor é a atitude prevista na legislação.

5. **Abaixo há a narração de um fato que ocorreu no centro de Maceió. Observe que a narração não é imparcial, atacando os manifestantes. Você deverá narrar o mesmo fato, porém defendendo-os.**

Sugestões:

De forma aleatória, a Prefeitura resolveu retirar, do centro da cidade, vendedores ambulantes. Estes fizeram manifestação legítima. A polícia agiu de forma violenta, o que ocasionou a destruição de vitrines de lojas e tumulto o centro da cidade, inclusive ferindo transeuntes.

Insatisfeitos porque a Prefeitura resolveu retirá-los do centro da cidade, trabalhadores informais fizeram ontem manifestação pacífica. A polícia interveio, o que ocasionou a quebra de vitrines de lojas e tumulto no centro da cidade.

A prefeitura de Maceió resolveu retirar os camelôs do centro da cidade. Eles fizeram manifestação pacífica contra o ato. A polícia acompanhava atenta para evitar algum tipo de tumulto.

6. **As frases abaixo estão inadequadas aos documentos oficiais, que devem prezar pela correção textual. Identifique quais são essas questões:**

   a) Solicitamos mais (melhores/outros) esclarecimentos acerca de (sobre, a respeito de)...
   b) Esclarecemos que a solenidade está marcada para as 14 horas.
   c) Trata-se de contratos cujas cláusulas contêm graves imprecisões.
   d) Constataram-se irregularidades na documentação que foi impressa para subsidiar a decisão.
   e) Seguem as informações solicitadas sobre o programa.
   f) Envio, em anexo (anexas), as propostas do curso *in-company*.

7. **Na redação moderna, um dos defeitos mais comuns é o da tautologia, que consiste na repetição desnecessária de termos expressando a mesma ideia. Procure identificar os trechos redundantes, reescrevendo a seguir novas versões dos textos abaixo.**

Em resposta à carta-solicitação de 20/2/2022, na qual o cliente solicita empréstimo para capital de giro, informamos que não poderemos atendê-los uma vez que operações de crédito se encontram suspensas. Ressaltamos que há indicativos de reabertura no próximo mês.

8. **Julgue verdadeiros ou falsos os itens a seguir, com base na redação de documentos oficiais:**

   a) (V) Em uma frase, pode-se dizer que redação oficial é a maneira pela qual o poder público redige atos normativos e comunicações.

   b) (V) A redação oficial deve caracterizar-se pela impessoalidade, uso do padrão culto de linguagem, clareza, concisão, formalidade e uniformidade.

   c) (V) Ofício é a forma de correspondência com outros órgãos e repartições oficiais.

   d) (V) As comunicações que partem dos órgãos públicos federais devem ser compreendidas por todo e qualquer cidadão brasileiro. Para atingir esse objetivo, há que evitar o uso de uma linguagem restrita a determinados grupos.

   e) (V) Não se concebe que um ato normativo de qualquer natureza seja redigido de forma obscura, que dificulte ou impossibilite sua compreensão. A transparência do sentido dos atos normativos, bem como sua inteligibilidade, são requisitos do próprio Estado de Direito: é inaceitável que um texto legal não seja entendido pelos cidadãos. A publicidade implica, pois, necessariamente, clareza e concisão.

   f) (F) O tratamento para particular é *Ilustríssimo Senhor*.

   g) (F) É opcional o usa da vírgula no vocativo e no fecho nos Ofícios.

   h) (V) A forma Digníssimo (DD) foi abolida no tratamento às autoridades, porque dignidade é pressuposto para que se ocupe qualquer cargo público, sendo desnecessária sua repetida evocação em expedientes oficiais.

   i) (V) A linguagem técnica deve ser empregada apenas em situações que a exijam, devendo-se evitar o seu uso indiscriminado.

j) (V) Na revisão de um expediente, deve-se avaliar se ele será de fácil compreensão por seu destinatário.

k) (F) Existe adequadamente um *padrão oficial de linguagem*, independentemente do padrão culto nos atos e comunicações oficiais.

9. Julgue verdadeiros ou falsos os itens a seguir, com base na elaboração de e-mails profissionais:

a) (F) O correio eletrônico, por seu baixo custo e celeridade, transformou-se na principal forma de comunicação.

b) (V) Clareza, concisão e as regras da gramática formal devem ser observadas.

c) (V) Um dos atrativos da comunicação por correio eletrônico é sua flexibilidade. Entretanto, deve-se evitar o uso de linguagem incompatível com uma comunicação profissional.

d) (V) Em um e-mail, deve-se ser objetivo e devem ser evitados termos que gerem duplo sentido.

e) (V) A linguagem deve ser formal, impedindo que eventuais confusões, geradas pelo uso de um tratamento mais íntimo, aconteçam.

f) (V) Não se deve falar mal da instituição ou de colegas em nenhuma situação. Esse tipo de comportamento pode provocar sérios problemas. Como a comunicação por e-mail se dá por escrito, não haverá como o emissor alegar que não era bem o que queria dizer.

g) (V) O e-mail utilizado no trabalho é de propriedade da instituição, que pode monitorá-lo sempre que necessário.

h) (F) Em um e-mail profissional que circulará dentro da instituição, não é necessária a identificação com o nome, a função e os contatos do emissor, uma vez que essa informação é conhecida internamente.

i) (V) O campo *Assunto* é um dos fatores determinantes da abertura e leitura do e-mail. Deve ser preenchido de modo a facilitar a organização, tanto para o destinatário quanto para o remetente, e deve apresentar o sentido principal da mensagem.

j) (V) A mensagem que encaminha algum arquivo deve trazer informações mínimas sobre seu conteúdo.

k) (F) Não há problemas em se utilizar o *e-mail* para tratar de assuntos pessoais, como problemas médicos ou familiares, desde que se adote, ao final, o seguinte texto: "Esta mensagem é enviada exclusivamente a seu(s) destinatário(s) e pode conter informações confidenciais, protegidas por sigilo profissional. Sua utilização desautorizada é ilegal e sujeita o infrator às penas da lei".

l) (V) Em um correio eletrônico, as regras gramaticais continuam valendo, assim como as normas de boa conduta, etiqueta social e ética profissional.

10. **Observe os trechos abaixo e verifique se a linguagem e/ou o teor do texto são mais adequados a um documento de comunicação (C) ou a um documento técnico (T):**

    a) (C) Considerando que os incisos I e II, do art. 1º, da Lei Complementar n. 90, de 1º de outubro de 1997, estabelecem que cabe ao presidente da República permitir que forças estrangeiras transitem pelo território nacional ou nele permaneçam temporariamente, submeto o assunto à apreciação de Vossa Excelência, no sentido de obter a necessária autorização de sobrevoo e pouso das mencionadas aeronaves no país.

    b) (T) Verifica-se que o resultado dos trabalhos vem atendendo às necessidades do ministério.

    c) (T) ESTE DOCUMENTO quadrimestral, elaborado pela Comissão Desportiva, tem a finalidade de manter atualizada a Secretaria de Organização Institucional (Seori), sobre o desenvolvimento de suas atividades, oferecendo subsídios para a análise e o aprimoramento de suas ações de planejamento.

    d) (C) Enviamos a documentação anexa para análise e providências no sentido de nomear os servidores aprovados no concurso público de provas e títulos.

EXERCÍCIOS RELACIONADOS AOS CONTEÚDOS APRESENTADOS NO LIVRO

e) (T) ESTE DOCUMENTO tem a finalidade de analisar a proposta de Portaria Interministerial a ser celebrada entre os Ministérios D e E, com o objetivo de realçar os vínculos de parceria e colaboração entre os dois Órgãos componentes do Comitê Q, criado por Decreto do Poder Executivo, de 9 de junho de 2021.

f) (C) Comunicamos a aprovação do Projeto, conforme proposto pela Superintendência de Recursos Humanos.

g) (T) Ante o exposto, esta Seção retorna o assunto à consideração da Secretaria-Geral da Presidência, ressaltando ser necessária, se deferido o pedido, a dispensa do servidor Alexandre dos Santos da função que atualmente exerce.

11. Analise os trechos abaixo e verifique se, pelo teor do texto, o documento é informativo (I), reativo (R) ou conclusivo (C):

a) (I) Esta coordenadoria tem interesse na prorrogação do Contrato n. 17/2022 até 30/6/2022, por considerá-la vantajosa e conveniente à administração.

b) (R) Diante do exposto, encaminhamos os autos à consideração superior, sugerindo que seja efetivada a contratação do Instituto dos Auditores Internos do Brasil, por inexigibilidade de licitação, com base no artigo 25, II, c/c art. 13, VI, da Lei n. 8.666/93.

c) (C) Dessa forma, a importância total devida à servidora NÚMERO 2, no período compreendido entre 12/6/2021 a 24/4/2022, é de R$ 7.573,25 (sete mil, quinhentos e setenta e três reais e vinte e cinco centavos), conforme tabela à fl. 6, contendo a discriminação mensal dos valores.

d) (R) Devem ser reavaliados pavimentos com cargas especiais como: cobertura (futuro heliporto), sala cofre, laje de acesso de caminhão de bombeiros etc.

e) (R) Recomenda-se a contratação de consultoria em engenharia civil, especializada em estrutura, fundações e geotecnia para análise geral do projeto de fundações e estruturas.

12. Faça a concordância verbal adequada a textos oficiais:

a) Se HOUVER dúvidas, favor perguntar. (houver/houverem)
b) VAI fazer cinco anos que ingressei no serviço público. (Vão/Vai)
c) Um grande número de estados APROVARAM/APROVOU a Resolução da ONU. (aprovaram/aprovou)
d) Metade dos deputados REPUDIOU/REPUDIARAM as medidas. (repudiou/repudiaram)
e) Trinta por cento ABSTIVERAM-SE de votar. (absteu-se/abstiveram-se)
f) Um por cento da população ESTÁ indecisa. (está/estão)
g) Mais de um candidato FOI AVALIADO. (foi avaliado/foram avaliados)
h) Vossa Senhoria AGIU corretamente. (agiu/agiste)
i) Hoje É/SÃO vinte de agosto. (é/são)
j) SÃO oito horas. (É/São)
k) É um minuto para as três. (É/São)
l) EXISTEM vários diretores nesta instituição. (Existe/Existem)
m) Interrogamos as pessoas que PRESENCIARAM o fato. (presenciou/presenciaram).
n) João ou Antônio SERÁ o próximo chefe da seção. (será/serão)
o) O tesoureiro ou o contador PODEM assinar esses documentos. (pode/podem)
p) DEVE haver boas leis, assim como DEVEM existir maus legisladores. (deve/devem)
q) Somos nós que PAGAMOS. (pagamos/paga)
r) Somos nós quem PAGAMOS/PAGA. (pagamos/paga)
s) O bando de marginais ATACOU/ATACARAM as crianças. (atacou/atacaram)
t) Os Andes CORTAM parte da América do Sul. (corta/cortam).
u) Cerca de trinta por cento das indústrias ALCANÇARAM lucro. (alcançou/alcançaram)
v) CHEGOU o coordenador e sua equipe. (Chegou/Chegaram)

w) O técnico e o superintendente ASSINARAM a nota técnica. (assinou/assinaram)
x) TRATA-SE de análises de solicitações formuladas pela Diretoria de Auditoria acerca da intimação do Tribunal de Justiça do Distrito Federal para a diretora do departamento comparecer à Sétima Vara da Fazenda Pública na condição de testemunha em ação movida pela empresa X. (Trata-se/Tratam-se)
y) VERIFICAM-SE danos ao Erário, com base no art. 186 do Código Civil. Assim SUGERE-SE que os autos sejam encaminhados ao Departamento de Controle e Correição. (Verifica-se/Verificam-se) (sugere-se/sugerem-se)
z) Após a análise dos processos, CONSTATAM-SE irregularidades na aplicação da lei. (constata-se/constatam-se)

13. Faça a concordância com as palavras entre parênteses:

a) O tribunal expediu orientação aos órgãos e entidades JURISDICIONADOS a respeito do assunto. (jurisdicionados/jurisdicionadas)
b) Até hoje, somente 1,5 MILHÃO de contribuintes ENTREGARAM a Declaração de Imposto de Renda. (milhão/milhões) (entregou/entregaram)
c) Apenas 2,4 MILHÕES de participantes assinaram a proposta. (milhão/milhões)
d) Havia apenas um relatório e uma nota técnica PRONTA/PRONTOS. (prontos/pronta)
e) É PROIBIDO entrada de estrangeiros. (proibido/proibida)
f) As receitas seguem ANEXAS/EM ANEXO. (em anexas/em anexo/anexas)
g) O documento vai INCLUSO. (incluso/inclusos)
h) Os documentos vão INCLUSOS. (incluso/inclusos)
i) Ela MESMA entregou o requerimento. (mesmo/mesma)
j) Muito OBRIGADA respondeu a menina. (obrigado/obrigada)
k) Havia MENOS pessoas na reunião. (menos/menas)

l) Ela andava MEIO preocupada com o resultado. (meio/meia)
m) EM ANEXO/ANEXA a certidão e o recibo. (Anexo/Em anexo/Anexa)
n) É NECESSÁRIA a sua participação. (necessário/necessária)

14. **Use a forma adequada dos particípios dos verbos nas orações abaixo:**

    a) Eu tinha GANHO/GANHADO muito dinheiro no ano passado. (ganhar)
    b) Eu já tinha ENTREGADO a Declaração de Imposto de Renda. (entregar)
    c) Os dados do relatório já foram IMPRESSOS. (imprimir)
    d) O chefe já havia CHEGADO quando o telefone tocou. (chegar)
    e) Você não tinha ESCRITO o parecer que eu lhe pedi? (escrever)
    f) A Coordenadora já havia ABERTO a sala quando os alunos chegaram. (abrir)
    g) O Diretor tinha PEGO/PEGADO os documentos na semana passada. (pegar)
    h) Antes do fim do mês, ela já tinha GASTO/GASTADO todo o pagamento. (gastar)
    i) Ela não tinha TRAZIDO o livro naquele dia. (trazer)

15. **Nas frases a seguir, julgue se a regência verbal está de acordo com a norma-padrão:**

    a) (V) Obedeceu rigorosamente ao horário de trabalho.
    b) (V) Ao assinar o contrato, o empregado visou apenas ao lucro pretendido.
    c) (F) Preferiu elaborar o relatório que a nota técnica. (*Preferiu elaborar o relatório* à *nota técnica* ou *Preferiu elaborar o relatório* a elaborar *a nota técnica*.)
    d) (V) Um novo congelamento de salários implicará reação dos trabalhadores.

e) (F) Pelo que diz o Assessor, isso implica em gastar mais dinheiro. (*Pelo que diz o Assessor, isso implica gastar mais dinheiro.*)
f) (F) Lembrou o chefe que o Ofício ainda não estava assinado. (*Lembrou o chefe de que o Ofício ainda não estava assinado.*)
g) (F) Informamos Vossa Senhoria que o prazo para entrega da documentação já está expirado. (*Informamos a Vossa Senhoria que o prazo para entrega da documentação já está expirado.*)
h) (V) A nova forma de atendimento da Secretaria não está agradando ao público.
i) (V) Os servidores esqueceram que teriam que fazer exames médicos no dia 1º.
j) (F) Os interessados em participar da licitação deverão chegar no Ministério às 8h. (*Os interessados em participar da licitação deverão chegar ao Ministério às 8h.*)

16. Nas frases abaixo, use a crase, se necessário:

a) Compareci **à** cerimônia de posse do governador.
b) Para mais informações, dirija-se **à** diretoria.
c) Refiro-me **à** coordenação de Recursos Humanos.
d) Enviarei tudo **a** Vossa Senhoria.
e) Solicito providências **à** Diofi (Divisão Orçamentária e Financeira).

17. Complete com o pronome demonstrativo adequado:

a) Aqui, NESTE departamento, há muitos servidores da área jurídica. (neste, nesse)
b) Estive no Senado, na semana passada, e verifiquei NESSA ocasião que programas estavam sendo debatidos. (nesta, nessa)
c) Guarde bem ISTO que eu vou dizer: os vaidosos são vulneráveis. (isto, isso)
d) ESTE relatório que estamos redigindo não está tão claro quanto AQUELE. (Este, Esse) (este, aquele)

e) Convidamos Vossa Senhoria a comparecer ao departamento de crédito DESTA empresa a fim de tratar de assunto de seu interesse. (desta, dessa)
f) Há duas semanas, estivemos em campanha política. NESSES dias, ninguém admitia a derrota. (Nestes, Nesses)
g) Para compras a crédito, o cliente deve apresentar ESTES documentos: Carteira de Identidade, CPF e comprovante de renda. (estes, esses)
h) A mulher é mais tolhida socialmente que o homem. A ESTE se permitem direitos que se negam ÀQUELA. (A este, àquele) (a esta, àquela)
i) O grupo se reuniu de julho a setembro. NESSE período, todas as decisões foram tomadas. (Neste, Nesse)
j) Por ESSAS razões mencionadas, sou favorável ao parecer do redator (estas, essas). (estas, essas)

18. Use a pontuação adequada:

a) A democracia, embora imperfeita, ainda é o melhor sistema de governo.
b) O ano foi difícil, porém não me queixo.
c) Aristóteles, o grande filósofo, foi o criador da lógica.
d) Às vezes, procura assistência; outras, toma a iniciativa.
e) O ex-governador do Distrito Federal Agnelo Queiróz defendeu sua posição no assunto.
f) O presidente do Banco Central desejou sucesso aos servidores recém-empossados.
g) Encaminhamos, para conhecimento dessa superintendência, o relatório de auditoria.
h) O ex-ministro dos Esportes Orlando Silva respondeu às denúncias de irregularidade em sua pasta.
i) Os acusados de corrupção no Ministério da Agricultura foram afastados do cargo pelo presidente da República.
j) A nota técnica que trata sobre o curso de Língua Portuguesa foi encaminhada ao diretor.

Bibliografia

ACADEMIA BRASILEIRA DE LETRAS. *Vocabulário ortográfico da língua portuguesa*. 5. ed. São Paulo: Global, 2009.

AGÊNCIA NACIONAL DE ENERGIA ELÉTRICA. *Gestão de documentos:* Manual de editoração de correspondências oficiais e atos administrativos. Brasília: Aneel, SGI, 2009.

ALMEIDA, Napoleão Mendes de. *Gramática metódica da língua portuguesa*. 42. ed. São Paulo: Saraiva, 1998.

ASSOCIAÇÃO BRASILEIRA DE NORMAS TÉCNICAS. NBR 6034: Informação e documentação – Preparação de índice de publicações. Rio de Janeiro: ABNT, 1989.

_____. NBR 14724: Informação e documentação – Trabalhos acadêmicos – Apresentação. Rio de Janeiro: ABNT, 2011.

_____. NBR 6024: Informação e documentação – Numeração progressiva das seções de um documento escrito - Apresentação. Rio de Janeiro: ABNT, 2012.

_____. NBR 6023: Informação e documentação – Referências – Elaboração. Rio de Janeiro: ABNT, 2018.

AULETE, Francisco Júlio de Caldas. *Aulete digital*. Disponível em: <http://www.aulete.com.br/>. Acesso em: 30 mar. 2002.

BAGNO, Marcos. *Gramática pedagógica do português brasileiro*. São Paulo: Parábola, 2011.

BECHARA, Evanildo. *Moderna gramática portuguesa*. São Paulo: Companhia Editora Nacional, 2004.

BELTRÃO, Odacir; BELTRÃO, Mariúsa. *Correspondência, linguagem & comunicação*. 24. ed. São Paulo: Atlas, 2011.

BRASIL, Congresso, Câmara dos Deputados. *Manual de redação*. Brasília: Câmara dos Deputados, Coordenação de Publicações, 2004.

_____. Conselho Nacional de Justiça. *Dicas de português:* redação oficial, 2015. Disponível em: <https://www.cnj.jus.br/wp-content/uploads/conteudo/destaques/arquivo/2015/07/e33296cedf0b88d-531ca5e452077c397.pdf>. Acesso em: 30 mar. 2022.

_____. *Constituição da República Federativa do Brasil* (1988). Brasília: 2020. Disponível em: <http://www.planalto.gov.br/ccivil_03/constituicao/constituicao.htm>. Acesso em: 30 mar 2022.

_____. *Decreto* n. 8.539, de 8 de outubro de 2015. Dispõe sobre o uso do meio eletrônico para a realização do processo administrativo no âmbito dos órgãos e das entidades da administração pública federal direta, autárquica e fundacional. Disponível em: <http://www.planalto.gov.br/ccivil_03/_ato2015-2018/2015 /decreto/ d8539.htm>. Acesso em: 30 mar. 2022.

_____. *Decreto n. 9.191*, de 1º de novembro de 2017. Estabelece as normas e as diretrizes para elaboração, redação, alteração, consolidação e encaminhamento de propostas de atos normativos ao Presidente da República pelos Ministros de Estado. Disponível em: <http://www.planalto.gov.br/ccivil_03/_Ato2015-2018/2017/ Decreto/ D9191.htm#art59>. Acesso em: 30 mar. 2022.

_____. *Decreto n. 9.758*, de 11 de abril de 2019. Dispõe sobre a forma de tratamento e de endereçamento nas comunicações com agentes públicos da administração pública federal. Disponível em: <http://www.planalto.gov.br/ccivil_03/_ato2019-2022/2019/decreto/D9758.htm>. Acesso em: 30 mar. 2022.

_____. *Lei n. 2.749*, de 2 de abril de 1956. Dá norma ao gênero dos nomes designativos das funções públicas. Disponível em: <http://www.planalto.gov.br/ccivil_03/leis/1950-1969/l2749.htm>. Acesso em: 30 mar. 2022.

_____. *Lei Complementar n. 95*, de 26 de fevereiro de 1998. Dispõe sobre a elaboração, a redação, a alteração e a consolidação das leis, conforme determina o parágrafo único do art. 59 da Constituição Federal, e estabelece normas para a consolidação dos atos normativos que menciona. Disponível em: <http://www.planalto.gov.br/ccivil_03/leis/lcp/lcp95.htm>. Acesso em: 30 mar. 2022.

_____. Ministério das Relações Exteriores. *Portaria n. 292*, de 11 de maio de 2016. Homologa o *Manual de redação oficial e diplomática do Itamaraty*. Brasília: SGEX/DCD/DAR, 2016. Disponível em https://www.in.gov.br/materia/-/asset_publisher/Kujrw0TZC2Mb/content/id/22807142/do1-2016-05-12-portaria-n-292-de-11-de-maio-de-2016-22807022. Acesso em: 30 mar. 2022.

_____. Presidência da República. *Publicações oficiais brasileiras:* guia para editoração. Brasília, 2010.

_____. Presidência da República, Secretaria-Geral. *Manual de redação da Presidência da República*. Gilmar F. Mendes [et al.]. Brasília: Presidência da República, 1991.

_____. Presidência da República, Secretaria-Geral. *Manual de redação da Presidência da República*. Gilmar F. Mendes [et al.]. Brasília: Presidência da República, 2002.

_____. Presidência da República. Casa Civil. *Manual de redação da Presidência da República*. 3. ed., revisada, atualizada e ampliada. Brasília: Presidência da República, 2018.

_____. Senado Federal. *Manual de elaboração de textos*. Brasília, 1999.

_____. Senado Federal. *Manual de padronização de atos administrativos normativos*. Brasília, 2012.

_____. Superior Tribunal de Justiça. *Manual de padronização de textos do STJ/ Superior Tribunal de Justiça*. 2. ed. Brasília: STJ, 2016.

_____. Supremo Tribunal Federal (STF). *Manual de atos oficiais administrativos do Supremo Tribunal Federal* [versão eletrônica] / Supremo Tribunal Federal. Brasília: STF, Secretaria de Documentação, 2020.

_____. Tribunal de Justiça do Distrito Federal e dos Territórios. *Manual de redação oficial*. Brasília, 2010.

_____. Tribunal Regional Federal da 1ª Região. *Manual de língua portuguesa do Tribunal Regional Federal da 1ª Região*. Brasília: Divisão de Produção Editorial, 2010.

CASTILHO, Ataliba. T. de. *Nova gramática do português brasileiro*. São Paulo: Contexto, 2010.

CEGALLA, Domingos Paschoal. *Novíssima gramática da língua portuguesa*. 30. ed. São Paulo: Nacional, 2002.

SÃO PAULO. Laboratório de Inovação em Governo da Prefeitura de São Paulo. *Linguagem simples no setor público*. São Paulo: Cidade de São Paulo, 2020.

COELHO NETO, Aristides. *Além da revisão*: critérios para revisão textual. 2. ed. Brasília: Editora Senac-DF, 2008.

COX, Joan Vinal. *Como redigir um relatório*. Cetop, 2004.

CUNHA, Celso; CINTRA, Luís F. Lindley. *Nova gramática do português contemporâneo*. 6. ed. Rio de Janeiro: Lexikon, 2013.

DUPAS, Maria Angélica. *Pesquisando e normalizando:* noções básicas e recomendações úteis para elaboração de trabalhos científicos. São Carlos: Ufscar, 2005.

FERREIRA, Aurélio Buarque de Holanda. *Novo dicionário eletrônico*. 5. ed. Curitiba: Positivo, 2010.

FISCHER, Heloísa *Clareza em textos de e-gov, uma questão de cidadania*. Rio de Janeiro: Com Clareza, 2018.

FULGÊNCIO, Lúcia; LIBERATO, Yara. *É possível facilitar a leitura*: um guia para escrever claro. São Paulo: Contexto, 2007.

GALVES, Charlotte et al. *O texto:* leitura e escrita. Campinas: Pontes, 1997.

GARCIA. Othon. M. *Comunicação em prosa moderna*. 6. ed. Rio de Janeiro: Fundação Getúlio Vargas, 2006.

GRION, Laurinda. *Manual de redação para executivos*. Madras, 2002.

HYMES, Dell. On Communicative Competence. In: PRIDE, J. B. e HOLMES, S. (orgs.). *Sociolinguistics*. Harmondsworth: Penguin Books, 1972.

HOLANDA, Aurélio Buarque de. *Novo dicionário de língua portuguesa*. 2. ed. Rio de Janeiro: Nova Fronteira, 2006.

HOUAISS, Antônio. *Dicionário eletrônico Houaiss*. Rio de Janeiro: Objetiva, 2014.

INSTITUTO ANTÔNIO HOUAISS. *Escrevendo pela nova ortografia:* como usar as regras do novo acordo ortográfico da língua portuguesa. São Paulo: Publifolha, 2008.

KASPARY, Adalberto J. *Português para profissionais:* atuais e futuros. 17. ed. Porto Alegre: Edita, 1997.

KLEIMAN, A. B. *Oficina de leitura:* teoria e prática. São Paulo: Pontes/Editora da Universidade Estadual de Campinas, 1997.

BIBLIOGRAFIA

KOCH, Ingedore Villaça; ELIAS, Vanda Maria. *Ler e escrever*: estratégia de produção textual. São Paulo: Contexto, 2008.
LIMA, A. Oliveira. *Manual de redação oficial*: teoria, modelos e exercícios. Rio de Janeiro: Elsevier, 2010.
LUFT, Celso Pedro. *Dicionário prático de regência nominal*. 4. ed. São Paulo: Ática, 2002.
MARTINS FILHO, Eduardo Lopes. *Manual de redação e estilo: O Estado de S. Paulo*. 3. ed. São Paulo: O Estado de S. Paulo, 1997.
MAZZAROTTO, L. F. et al. *Manual de redação*. São Paulo: Divisão Cultural do Livro 2010.
MEIRELLES, Hely Lopes. *Direito Administrativo Brasileiro*. São Paulo: Ed. Medeiros, 2012.
NEVES, Maria Helena de Moura. *Gramática funcional*: interação, discurso e texto. São Paulo: Contexto, 2018.
PERINI, Mário. *Gramática descritiva do português*. 2. ed. São Paulo: Ática, 1998.
_____. *Gramática do português brasileiro*. São Paulo: Parábola, 2010.
PINKER, Steven. *Guia de escrita*: como conceber um texto com clareza, precisão e elegância. São Paulo: Contexto, 2016.
PLAIN LANGUAGE ASSOCIATION INTERNATIONAL. Disponível em: <http://plainlanguagenetwork.org/plain-language/o-que-e-linguagem-clara/>. Acesso em: 26 mar. 2022.
SALVADOR, Arlete. *Escrever bem no trabalho*: do Whatsapp ao relatório. São Paulo: Contexto, 2016.
SCHLITTLER, José Maria Martins. *Manual prático de redação profissional*. Servanda, 2006.
SOARES, M.; CAMPOS, E.N. *Técnica de redação*. Rio de Janeiro: Ao Livro Técnico, 1984.
SQUARISI, Dad; SALVADOR, Arlete. *Escrever melhor*: guia para passar os textos a limpo. São Paulo: Contexto, 2008.
SQUARISI, Dad; CUNHA, Paulo José. *1.001 dicas de português*: manual descomplicado. São Paulo: Contexto, 2015.
SUSSAMS. John E. *Como fazer um relatório*. Lisboa: Editorial Presença, 2003.
TRIBUNAL DE CONTAS DA UNIÃO. *Portaria n. 90*, de 11 de abril de 2003.
VITRAL, Lorenzo. *Gramática inteligente do português do Brasil*: ilustrada e com exercícios. São Paulo: Contexto, 2017.

As autoras

Paula Cobucci

Tem licenciatura plena em Letras – Língua Portuguesa e Literatura, pela Universidade de Brasília (UnB). Já em 1998, nos primeiros semestres da graduação, começou a dar aulas de Redação Oficial.

Tem mestrado e doutorado em Linguística pela UnB. Durante mais de 20 anos, dedicou-se à formação e atualização de servidores públicos na área de Língua Portuguesa, em cursos de redação oficial; redação empresarial; gramática aplicada a documentos; estruturação de textos administrativos; elaboração de documentos técnicos, nos setores público e privado.

Atualmente, é professora efetiva da UnB. Trabalha na área de Linguagens, Literatura e Alfabetização na Faculdade de Educação da mesma universidade e é responsável pelas disciplinas Ensino e Aprendizagem da Língua Materna, Processos de Alfabetização e Letramentos, Oficina de Textos Acadêmicos, além de orientação de estágio e trabalho de conclusão de curso (TCC).

Suely Cobucci

Educadora empresarial, consultora e palestrante em Gestão de Pessoas. Fez mestrado em Recursos Humanos e Gestão do Conhecimento pela Universidade Internacional Funiber, em 2018, tem formação em Life & Professional Coaching pela Sociedade Brasileira de Coaching (licenciada pelo Behavioral Coaching Institute e pelo International Coaching Council). Possui pós-graduação em Didática do Ensino Superior pela Universidade Católica de Brasília (UCB) e em Psicopedagogia pelo Centro Universitário de Brasília (Ceub). Tem especialização em Jogos de empresa e em Dinâmica de grupo pela Sociedade Brasileira de Psicoterapia e Psicodrama (Sobrap) e licenciatura plena em Letras, Português e Inglês pelo Ceub. Foi membro da International Association of Group Psichoterapy em 1997.

Atualmente, além de ministrar cursos na área de redação oficial, redação técnica, atualização em língua portuguesa, atua também na área de gestão e liderança no serviço público, didática para instrutores e outras.

GRÁFICA PAYM
Tel. [11] 4392-3344
paym@graficapaym.com.br